AF452720

LE GOUT DU MOYEN AGE

EN FRANCE

AU XVIIIe SIÈCLE

ARCHITECTURE ET ARTS DÉCORATIFS

Collection publiée sous la direction de M. Louis HAUTECŒUR

LE

GOUT DU MOYEN AGE

EN FRANCE

AU XVIIIe SIÈCLE

PAR

RENÉ LANSON

AGRÉGÉ D'HISTOIRE ET DE GÉOGRAPHIE
PROFESSEUR AU LYCÉE VOLTAIRE

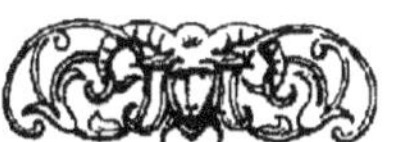

PARIS ET BRUXELLES
G. VAN OEST, ÉDITEUR
—
1926

LE GOUT DU MOYEN AGE
EN FRANCE
AU XVIIIᵉ SIÈCLE

INTRODUCTION

Le moyen âge passe pour avoir été méconnu au XVIIIᵉ siècle. Ni sa mentalité ni ses mœurs n'apparaissent dans les histoires d'Hénault et de Velly, si sèches et si incolores qu'on n'y peut distinguer la barbarie mérovingienne de la civilisation du temps de saint Louis. Jeanne d'Arc, dans la Pucelle de Voltaire, devient l'héroïne d'aventures ridicules. Tantôt nue et l'épée à la main, elle délivre Agnès Sorel, prisonnière des Anglais, dans un couvent de Bénédictines ; tantôt juchée sur un âne divin, elle livre à Talbot et à Jean Chandos des combats burlesques ; enfin après bien des péripéties scabreuses, sa vertu cède à l'amour du beau Dunois, son compagnon d'armes (fig. 1). Dans les *Mémoires de la Cour de Charles VII*, de Mᵐᵉ Durand, Jeanne d'Arc prend une autre physionomie ; le sire de Baudricourt se déguise en berger pour lui chanter une sérénade en s'accompagnant du luth : « Dormez, adorable bergère, fermez ces yeux qui causent tous mes maux »[1]. Ce roman « gaulois », semblable à ceux de Mᵐᵉ de Tencin et de Mˡˡᵉ de Lussan, n'était qu'une œuvre galante, imitée des *Nouvelles Françaises* de Segrais[2], où les héros du moyen âge exprimaient des sentiments que personne n'osait plus prêter à Cyrus, à Achille ou à Attila. En 1777, le comte de Tressan

---

1. Mᵐᵉ Durand, *Mémoires de la Cour de Charles VII* (1737).
2. 1657.

publia [1], pour remplacer l'épopée dont le texte était perdu, une *Chanson de Roland* où le paladin montrait l'âme d'un sous-officier de gardes françaises. « Roland à table était charmant, — buvait du vin avec délice, — mais il en usait sobrement, — les jours de garde et d'exercice ».

Les monuments n'étaient pas mieux respectés que les hommes. L'histoire de Notre-Dame de Paris est au XVIIIe siècle celle de ses mutilations [2]. Pour alléger et embellir le chœur, Robert de Cotte, en 1708, modifia la coupe des piliers et arrondit en plein cintre les arcades ogivales qu'il maquilla de plomb, de stuc et de cuivre doré. Le cardinal de Noailles modifia dans des réparations malheureuses les formes de la rose et des clochetons, puis il abattit le jubé. De 1741 à 1743, Le Viel accrut la lumière en remplaçant les vitraux par du verre blanc. En 1771, Soufflot, pour permettre aux dais de franchir le porche central, brisa le pilier trumeau, une statue du Christ et toute la première zone du tympan consacrée au Jugement Dernier. En 1787, par amour de la simplicité et de l'économie, on rabota les ornements des gargouilles et des chapiteaux qui avaient besoin de réparations. Partout en France, on détruisit pour embellir. Aujourd'hui, grâce à Viollet-le-Duc, Notre-Dame a repris en partie son aspect primitif, mais Saint-Merri a conservé le travesti de style jésuite imaginé par Boffrand et les frères Slodtz (fig. 2). Le millénaire qui s'est écoulé entre les invasions barbares et les guerres d'Italie semble dans l'opinion commune s'être alors résumé en trois mots : barbarie, ignorance, fanatisme.

Mais les hommes du XVIIIe siècle avaient des goûts et des idées complexes. A l'époque même où l'ancienne civilisation française

1. *Bibliothèque universelle des Romans* (1777).
2. Marty, *L'histoire de Notre-Dame de Paris* (1907).
   Aubert et Vitry, *Notre-Dame de Paris* (1909).

était dénigrée par esprit classique, elle attira la curiosité, puis l'estime et l'enthousiasme. Voltaire, après avoir ridiculisé Jeanne d'Arc, exalta les anciens chevaliers dans Tancrède ; Tressan racheta sa malheureuse poésie sur Roland en rappelant le souvenir des chansons de geste ; Soufflot qui mutila Notre-Dame réhabilita à l'Académie l'architecture gothique. La résurrection du moyen âge, longtemps attribuée aux romantiques, a été voulue et partiellement réalisée avant la Révolution.

CHAPITRE PREMIER

La résurrection du moyen age et ses causes :
Survivances littéraires et artistiques,
Esthétique nouvelle.

Si, à la fin du xviie siècle, les lettrés et les mondains n'admiraient que les civilisations italienne ou antique, les traditions du moyen âge n'avaient pas disparu.

Les récits familiaux entretenaient chez les nobles le souvenir des tournois dont le faste avait encore été évoqué en 1648 dans le « Théâtre d'Honneur » de la Colombière. Les romans de chevalerie devenus contes de fées avaient toujours des lecteurs. Dans la *Bibliothèque Bleue*[1], publication populaire, paraissaient Huon de Bordeaux, Mélusine, les Quatre Fils Aymon, les Conquêtes de Charlemagne, aventures de châtelaines, de paladins et de géants, pleines de coups d'épée, d'histoires d'amour et d'enchantements. Grâce à Quinault et à Lulli, Amadis, Roland et Armide devinrent des sujets d'opéra

Pendant tout le xviie siècle, on continua à construire du gothique à travers la France, principalement à Orléans, où la cathédrale de Sainte-Croix, abattue par les Huguenots, fut rebâtie comme au moyen âge, dans le style primitif, sous la direction d'un bureau de prêtres et de bourgeois. Les Jésuites eux-mêmes, pour satisfaire les fidèles, renoncèrent parfois à   sthétique per-

1. Assier, *La bibliothèque bleue* (1874).

sonnelle en employant l'ogive [1]. Ce fut leur grand architecte, le Père Martellange, qui traça le plan des façades du transept de Sainte-Croix [2]. A l'Académie d'architecture enfin, J.-F. Félibien des Avaux, tout en préférant l'art classique, rendit justice aux vieux maîtres d'œuvre dans son *Recueil de la vie et des ouvrages des plus célèbres architectes* [3] et dans sa *Dissertation* [4] touchant l'architecture antique et l'architecture gothique.

Jamais les érudits ne cessèrent de se passionner pour le moyen âge, tant par curiosité que par amour de la monarchie. L'un d'eux, Roger de Gaignères, constitua dans sa maison de la rue de Sèvres un véritable musée d'antiquités nationales. On y voyait des tapisseries, des miniatures, des cartes géographiques, des recueils d'inscriptions, des dessins de monuments, des gravures de modes, des émaux, des ivoires sculptés, des médailles, des vêtements et des jeux de cartes [5].

Cependant, au début du XVIIIe siècle, le temps abolissait peu à peu le goût du passé. Gaignères se lamentait sur le vandalisme des gens d'église qui détruisaient ou vendaient les objets dont ils avaient la garde. Quand il mourut en 1715, ses collections, qu'il avait léguées au roi, furent dispersées. Pas un de ses précieux bibelots ne fut admis dans le cabinet royal, et sur un millier de peintures, Louis XIV ne garda que le portrait de Jean le Bon. Les autres tableaux furent vendus aux enchères à vil prix. Le *Grand bâtard de Bourgogne*, aujourd'hui à Chantilly, fut adjugé pour 66 livres ; le *Charles VII* de Jean Fouquet fut à

1. Serbat, *L'architecture gothique des Jésuites au XVIIe siècle* (*Bull. Monumental* (1902-1903).

2. Chenesseau *Sainte-Croix d'Orléans* (1921).

3. 1687.

4. 1699.

5. Ch. de Grandmaison, Gaignères (1892).

un portrait de Marie d'Anjou, ne trouva acquéreur que pour 3 livres 14 sous.

Les anciennes épopées dégénéraient en contes pour les chaumières et l'art gothique semblait voué à une lente destruction quand, vers 1750, une nouvelle esthétique mit en honneur les antiquités nationales.

L'ennuyeuse monotonie des œuvres composées selon les formules du XVIIe siècle commença à lasser le public qui réclama de la sensibilité et du pittoresque. Écrivains et artistes cherchèrent alors à évoquer dans leurs décors et dans leurs mœurs soit les milieux sociaux contemporains, soit les pays exotiques ou les civilisations disparues. Comme la Turquie, la Chine et les États antiques, le moyen âge devint à la mode. On y découvrit des sujets inédits, des sentiments inconnus à d'autres époques, des costumes étranges et une architecture qui plaisait aux yeux et au cœur plus qu'à la raison. Si l'ancienne France fut évoquée moins exactement que Rome et la Grèce, ce fut seulement parce qu'elle avait été moins étudiée.

Les circonstances politiques favorisèrent ce retour au passé. Les déceptions du traité d'Aix-la-Chapelle et la honte du traité de Paris provoquèrent envers l'Angleterre une haine qui remit en mémoire la Guerre de Cent Ans. La gloire de Bayard et des anciens chevaliers consola des défaites de Rosbach, de Québec et de Pondichéry. Puis les nobles se complurent au souvenir d'un bon vieux temps où les manants ne contestaient pas les droits féodaux, tandis que les gens de lettres rappelaient avec orgueil la place occupée par les troubadours dans la haute société. On chercha enfin dans le passé des arguments pour ou contre le présent ; de prétendus panégyriques de Suger permirent de critiquer impunément les ministres de Louis XVI.

L'influence intellectuelle de l'Angleterre sur la France contribua à la vogue du moyen âge. Voltaire découvrit dans Shakespeare l'intérêt des sujets nationaux. Vers la fin du siècle, les adaptations de Ducis, malgré leur fadeur, donnèrent au public quelqu'idée d'Hamlet et de Macbeth au moment où Letourneur traduisait Ossian et où l'architecture britannique, toute pénétrée d'influences gothiques, transformait l'art des jardins.

C'est ainsi qu'un passé presque oublié revint en mémoire. Mais le moyen âge porta la marque du temps qui le retrouva. Par désir de plaire et par ignorance des faits, les écrivains et les artistes créèrent un monde de fantaisie, tantôt brutal et horrible, tantôt chevaleresque et sentimental. Nulle différence ne fut établie entre les époques : Bayard et les barons du XIe siècle se ressemblèrent par leur costume et leurs sentiments. Des poètes écrivirent des pastiches puérils de vieux français et chantèrent dans des romances langoureuses les amours d'autrefois. Au milieu des parcs se dressèrent les silhouettes grêles des fabriques gothiques. Le genre troubadour était né.

Mais si le XVIIIe siècle a reconstruit un moyen âge imaginaire, il a commencé à en découvrir la figure véritable. Déjà régnait la curiosité qui poussait les hommes à la recherche des civilisations mortes ; déjà étaient publiés certains documents qui ont permis aux générations suivantes de ressusciter l'époque de Clovis, de Charlemagne et des premiers Capétiens. Là comme partout ailleurs, les origines du Romantisme sont antérieures à la Révolution.

CHAPITRE II

LE MOYEN AGE DANS L'ÉRUDITION ET LA LITTÉRATURE[1].

I. — *Travaux d'érudition et d'adaptation.*

Les travaux des Bénédictins et des membres de l'Académie des Inscriptions, que n'interrompirent jamais les caprices de la mode, fournirent aux littérateurs les éléments de leurs évocations historiques. Avant 1750, Dom Bouquet entreprit le *Recueil des Historiens des Gaules et de la France*, Dom Rivet *l'Histoire littéraire de la France*, Dom Denis de Sainte-Marthe *la Gallia Christiana*; les PP. De Vic, Vaissète, Plancher, Merle, Taillandier, Morice, Calmet rédigèrent des histoires provinciales. L'Académie des Inscriptions publia le *Recueil des Ordonnances*, la *Table chronologique des Diplômes*, ainsi que de nombreux mémoires sur les antiquités nationales. Parmi ses meilleurs collaborateurs, furent Lancelot, Sallier, Bréquigny et Secousse. Mais, de tous les érudits, ceux qui ont le plus travaillé en faveur du moyen âge ont été le bénédictin Bernard de Montfaucon et l'académicien La Curne de Sainte-Palaye.

[1]. Baldensperger, *Etudes littéraires* (1907). *Le genre troubadour.* — Cucuel, *Le moyen âge dans les opéras-comiques du XVIIIᵉ siècle. Revue du XVIIIᵉ siècle* (1914). — Gaiffe, *Le drame en France au XVIIIᵉ siècle* (1910). — Jacoubet, *Le comte de Tressan et les origines du genre troubadour* (1923). — Jouglard, *La connaissance de l'ancienne littérature au XVIIIᵉ siècle (Mélanges Lanson,* 1922). — G. Lanson, *Esquisse d'une histoire de la tragédie française* (1920). — Mornet, *Le romantisme en France au XVIIIᵉ siècle* (1912).

Reprenant une idée de Gaignères, Montfaucon publia de 1729 à 1733 les *Monuments de la Monarchie Française*. Il aurait voulu faire connaître par la gravure tout ce qui, dans l'ancienne France, concernait la royauté, l'Église, l'ameublement, la mode, la guerre, les fêtes, les funérailles et les tombeaux. Son ouvrage ne réalisa qu'une faible partie du plan primitif, mais il suffit à en donner une idée d'ensemble. Les souverains s'y montrent, en effet, dans tous les actes de leur vie, fêtes, chasses, batailles, lits de justice et cérémonies religieuses, de sorte que le lecteur connaît les habits, les armes et même les différents genres de peinture et de sculpture de chaque siècle, « qui peuvent être comptés, disait Montfaucon, parmi les monuments historiques » [1].

Composer une histoire générale de la civilisation française par la reproduction d'œuvres authentiques classées chronologiquement était alors une idée neuve. Par malheur, trahi tantôt par ses documents que dessinaient des incapables, tantôt par l'insuffisance de sa propre critique, le Bénédictin fut inférieur à sa tâche. Il reculait à l'excès, comme tous les érudits du temps, les origines du roman et du gothique, ce qui le trompait sur l'âge des documents sans date. Puis, grave erreur de méthode, il n'hésita pas à utiliser, pour une même période, des documents de siècles différents. S'il a réussi, grâce à la tapisserie de Bayeux, à représenter fidèlement l'expédition des Normands en Angleterre, son histoire de saint Louis est gâtée par des figures qu'il a prises dans un armorial du XVe siècle.

Malgré ces défauts, l'œuvre de Montfaucon aurait pu être instructive pour ses contemporains. Mais, parue à l'heure où triomphait le classicisme, elle eut peu d'influence. Ses rares souscripteurs furent surtout des moines et jamais les historiens

1. Préface.

du XVIIIe siècle ne songèrent à l'utiliser pour rehausser la couleur de leurs récits. Montfaucon fut un précurseur maladroit et incompris.

Toutefois, sa correspondance nous révèle que l'art gothique conservait des admirateurs. A Aix et à Chantilly se trouvaient des musées d'armures. Bon et MM. d'Aigrefeuille, magistrats de Montpellier, Houllon, magistrat d'Amiens, Mellier, maire de Nantes, l'abbé Fauvel, Caumont, Crassier, possédaient comme Gaignères des collections d'objets du moyen âge qu'ils recherchaient avec passion. MM. d'Aigrefeuille se vantaient de découvrir chaque jour de vrais trésors enfouis. Le nombre de ces collectionneurs annonçait des temps nouveaux [1].

A la même époque, on réédita le *Petit Jehan de Saintré*, les poésies de Villon, de Coquillart et de Crétin, les *Quinze Joies du Mariage*, l'*Histoire* de Villehardouin et les *Mémoires* de Commines. En 1735, Langlet du Fresnoy écrivait dans la préface de son édition du *Roman de la Rose* : « Le goût de l'ancienne littérature et des anciens poètes se renouvelle ». Ce n'étaient pas, comme dans la Bibliothèque Bleue, des publications populaires, mais des éditions soignées à l'usage des lettrés.

Les vieilles institutions devinrent l'objet de préoccupations nouvelles. Le comte de Boulainvilliers, pour justifier les prétentions de la noblesse, voulut démontrer que les nobles descendaient de la race conquérante des Francs [2]. Dans l'*Esprit des Lois*,

---

1. Sur les collectionneurs, voir *Manuscrits de Montfaucon*. Bibl. Nationale fonds français 17703, fol. 54, 107, 125 ; — 17704, fol. 66, 67 ; — 17709, fol. 155 ; — 17710, fol. 195 à 207 ; — fonds latin 11907, fol. 111, 115, 157 ; — 11913, fol. 82 à 85 ; 11914, fol. 1 à 6, 20. La collection d'armures de Chantilly est signalée par Mérigot, *Itinéraire du jardin de Chantilly*, (1791).

2. Boulainvilliers, *Histoire du Gouvernement de la France* (1727). Sa

Montesquieu analysa un grand nombre de coutumes oubliées [1].
Voltaire enfin, dans l'*Essai sur les Mœurs*, en dépit de lacunes,
et d'erreurs, rédigea des pages ingénieuses sur l'histoire du
moyen âge [2]. Les passions sociales, politiques et religieuses
poussaient le public à étudier l'origine de nos institutions.
Quand parurent, en 1753, les *Mémoires sur l'ancienne chevalerie* de La Curne de Sainte-Palaye, l'heure était favorable [3].
Tandis que Voltaire décrivait un moyen âge fanatique et san-
guinaire, La Curne en modela un autre chevaleresque et sentimental dont l'image doucereuse ne quitta plus le souvenir des
hommes.

Érudit, La Curne a découvert et étudié de nombreux manuscrits ; vulgarisateur, il a déformé le passé pour le rendre accep-
table à ses contemporains. Par lui s'est établi de lien entre l'érudition et la littérature.

La chevalerie ! c'est en elle qu'il résume tout le moyen âge.
Ses études sur Froissart, qui la glorifiait, et la vogue des
romans populaires sur les paladins errants, contribuèrent à
cette illusion. La Curne crut que la chevalerie était une institution politique et militaire assurant à ses membres la direction des affaires publiques. Voltaire établit aussitôt que les lois
chevaleresques n'étaient que des usages [4] ; mais, cette erreur
écartée, tout le reste des *Mémoires* fut admis docilement.

thèse fut combattue par l'abbé Dubos, dans son *Histoire critique de la
monarchie constitutionnelle* (1739).

1. 1748.

2. 1753-1758.

3. Mémoires lus à l'Académie entre 1744 et 1746, publiés dans le
tome XX des *Mémoires de l'Acad. des Ins.* en 1753 ; édités séparément
en 1756.

4. *Essai sur les mœurs*, chap. 97.

Sans distinguer les époques, La Curne a tracé des tableaux de la vie féodale qui sont restés populaires. Il décrivait d'abord l'éducation seigneuriale : à sept ans, l'enfant quittait le château paternel pour devenir page, varlet, damoiseau, puis écuyer à la cour de son suzerain. Là, tantôt il servait à table les viandes, les épices, les dragées, le vin cuit et l'hypocras, tantôt il joutait aux bagues et courait la quintaine, tantôt enfin, monté sur un palefroi ou sur un destrier, il suivait son maître à la chasse et à la guerre, lui portant ses brassards, ses gantelets, son heaume, son écu et son pennon. A vingt ans se plaçait la cérémonie de l'investiture chevaleresque. Le récipiendaire vêtu de blanc passait dans une église la nuit en prières, puis il écoutait la messe et jurait de respecter les lois de Dieu et de la chevalerie. Les dames et les demoiselles le revêtaient alors de son armure et un vieux seigneur le frappait sur l'épaule d'un coup d'épée ou d'un coup de poing, en prononçant la formule : « Au nom de Dieu, de saint Michel et' de saint Georges, je te fais chevalier. » Un autre tableau était consacré aux tournois ou aux duels judiciaires. On y voyait les lices, les échafauds remplis de spectateurs, l'exposition des armures, le défilé des ménétriers, des hérauts, et des poursuivants d'armes suivis des champions qui se paraient d'écharpes aux couleurs de leur dame. Venaient enfin les combats où les lances se brisaient sur les écus et où cavaliers et chevaux roulaient sur le sol. Cette vie pittoresque, à la fois héroïque et brutale, séduisit les lecteurs. Les vieux mots dont les *Mémoires* étaient remplis renforçaient, par une impression de mystère, la puissance de l'évocation historique.

La Curne a encore créé les types populaires du chevalier et de la châtelaine. L'amour et l'honneur guidaient, selon lui, la vie des chevaliers. D'une bravoure sans faiblesse, jamais ils ne reculaient ; chastes, tendres et respectueux, ils dévouaient leur vie à leur dame. Protecteurs des faibles, soldats dévoués de leur prince et de leur patrie, ils pratiquaient, croyait l'auteur « des maximes dignes d'être adoptées par les législateurs et les plus vertueux philosophes de toutes les nations et de tous les siècles » [1]. Un Bayard à la fois galant et sensible, tel aurait été le chevalier idéal !

Elevées comme les jeunes gens à la cour du suzerain, les jeunes filles y seraient devenues gracieuses, naïves et tendres, s'occupant à prévenir de civilité les chevaliers, à les désarmer, à les servir à table et à soigner leurs blessures. Amantes constantes et douces, les demoiselles de La Curne sont les premières châtelaines de romance qui ne savent qu'être fidèles, souffrir et mourir.

Le dernier *Mémoire* indiquait bien tout ce que les lois chevaleresques toléraient de dérèglement moral, de brutalité et de fanatisme, mais les lecteurs écartèrent ces réalités trop rudes et voulurent croire que le moyen âge avait vécu pour l'honneur et l'amour. C'est ainsi que les scènes et les caractères imaginés par La Curne devinrent des poncifs de la littérature troubadour.

Pour compléter son œuvre, La Curne publia une adaptation d'Aucassin et Nicolette [2]. Déjà avait paru Nocrion [3], petite nouvelle tirée d'un fabliau, qui inspira elle-même à Diderot ses *Bijoux Indiscrets* [4]. Mais dans ce conte du « *Chevalier qui fit parler les* ... », c'était la polissonnerie et non pas le moyen âge que Diderot et ses inspirateurs avaient cherchée. Tout autre fut la tentative de La Curne. On connaît le roman. Garins, comte de Beaucaire, a fait emprisonner l'esclave Nicolette pour la séparer

1. Deuxième mémoire.
2. 1752.
3. 1747. (Attribué soit à Bernis soit à Caylus.)
4. 1748.

de son fils Aucassin qui veut l'épouser. Aucassin ne consent à défendre Beaucaire, en danger d'être prise d'assaut, qu'à condition de revoir son amie. Quand le péril est passé, Garins renie sa promesse et fait enfermer dans un cachot son fils qui l'insulte. Nicolette réussit à s'évader, dit adieu à Aucassin et s'enfuit dans la forêt. Après beaucoup d'aventures, les amoureux se retrouvent et s'épousent.

La Curne avait scrupuleusement respecté la rudesse du vieux conte. Mais les querelles atroces entre le père et le fils, l'amour trop charnel du héros et de l'héroïne scandalisèrent les lecteurs qui voulaient plus de bienséance et de sensibilité. Pour faire connaître à tout prix le monde nouveau qu'il avait découvert et qu'il admirait passionnément, La Curne orienta vers la fadeur le travail de ses disciples.

Mallet, dans ses ouvrages sur le Danemark [1] publia des Sagas scandinaves. Barbazan édita un recueil de fabliaux et l'*Ordène de Chevalerie* [2]. Millot rédigea son *Histoire littéraire des Troubadours* [3] avec les documents que lui fournit La Curne; mais son livre, mal écrit, eut au début peu de succès. Au contraire, les *Fabliaux ou contes des XIIe, XIIIe et XIVe siècles* de Le Grand d'Aussy [4] enthousiasmèrent les âmes sensibles. Ses héros faisaient des gestes pathétiques comme les personnages de Greuze et débitaient des tirades comme ceux de Diderot. La férocité des vieux âges s'atténuait jusqu'à disparaître. L'histoire de Grisélidis, paysanne épousée par le marquis de Saluces, puis sou-

---

1. Introduction à l'*Histoire de Danemark* (1755). — *Histoire de Danemark* (1758). — *Monuments de la mythologie et de la Poésie des Celtes* (1756).

2. 1756 et 1759.

3. 1771.

4. 1779.

mise à de dures épreuves par un mari brutal qui lui fait croire
au meurtre de ses enfants, la répudie, la force à servir une rivale
et la réhabilite enfin solennellement, quand il ne découvre pas de
bornes à sa douceur, n'est qu'un défilé de tableaux attendrissants :
les bons paysans, la mésalliance par amour, l'innocence persé-
cutée, le triomphe de l'amour conjugal.

La Bibliothèque universelle des Romans qui, dirigée par le
marquis de Paulmy, eut pour principal collaborateur le comte de
Tressan [1], vulgarisa après 1775 la connaissance des chansons de
geste. On put y lire le roman de Merlin, Lancelot du Lac, l'histoire du Graal, Perceval le Gallois, Tristan de Léonnois, le roman
d'Arthur et des Chevaliers de la Table Ronde, le Cycle de Charlemagne, Ogier le Danois, Gérard de Nevers, Huon de Bordeaux,
Ragnar Lodbrog.

Les textes y sont étrangement défigurés ; de longues aventures
sont résumées en quelques mots et d'autres sont de pures inven-
tions. Pour relever la platitude de son style, parfois Tressan
s'apitoie sur ses héros et parfois il se moque d'eux. Ailleurs il
plaque dans ses phrases des mots de vieux français ou mêle à sa
prose quelques poésies. C'est ainsi qu'il a refait le chant de mort
de Tristan.

I

En ma dernière heure te prie
Yseut, ô ma douce ennemie,
Toi qui jadis me fus amie,
Après ma mort, las ne m'oublie !

II

Lorsqu'en terre serai gisant
Sur ma tombe on ira lisant,
Oncques personne n'aima tant
Comme Tristan, si meurt pourtant !

1. **Tressan** publia séparément ses œuvres sous le titre de *Corps d'ex-
traits des Romans de Chevalerie* (1781).

Dans Ragnar Lodbrog, Odin devenait le dieu du vicaire savoyard et proclamait les enfants innocents des fautes de leurs parents. L'horrible Ogier le Danois allait dénicher des oiseaux pour la belle Elizène. Grâce à ces complaisances, les lecteurs acceptaient des traits plus rudes. Yseut rêvait de tuer sa fidèle Brangien pour s'assurer de son silence. La *Chronique des Prouesses et Faits d'armes de Charlemagne* [1] retraçait tout l'épisode de Roncevaux : la trahison de Ganelon, la mort d'Olivier, la fin de Roland qui se rompt les veines de la gorge en sonnant du cor et qui veut briser Durandal avant de mourir. La sauvagerie des poésies primitives reparaissait dans le chant de mort de Ragnar Lodbrog que Tressan composait d'après la traduction de Mallet : « Nous nous sommes battus à coups d'épée ! Mais je touche à mon dernier moment ; déjà je sens un serpent qui me ronge le cœur ! Hella me brise la tête avec ses dents d'airain ! Ah ! barbare Odin, les portes du Walhalla se ferment pour moi, les Walkyries m'en repoussent. Ah ! je serai donc privé du festin des braves ! Ah ! je ne boirai pas dans le crâne de mes ennemis ; mais le fer de mon fils sera bientôt rougi par le sang. Il tient de sa mère un cœur fier et vaillant, sa colère s'enflammera ; je serai vengé par Hella qui n'arrachera d'une âme forte que le dernier soupir, que je fais en expirant ». Chateaubriand devait plusieurs fois se souvenir de Mallet et de Tressan, surtout dans l'hymne de guerre des soldats francs : « Pharamond ! Pharamond ! nous avons combattu avec l'épée ! »

Les rivalités provinciales contribuèrent au succès de ces adaptations. Le Grand d'Aussy, Mallet et Tressan prétendirent découvrir l'origine de la poésie dans la France du Nord ou la Scandinavie. Les méridionaux humiliés cherchèrent des argu-

1. 1777.

ments en faveur du Languedoc et de la Provence dans Millot qui connut enfin des lecteurs. Les journaux de 1780 et 1781 sont remplis de la querelle des trouvères et des troubadours.

Dès lors la littérature du moyen âge fut réhabilitée. On osa comparer le *Lai de Narcisse* aux *Métamorphoses* d'Ovide, *Aucassin et Nicolette* à l'*Iliade* et à l'*Odyssée*, les chevaliers tueurs de géants à Persée et à Hercule tueurs de monstres. Le Grand d'Aussy et Millot aperçurent dans les vieilles poésies la civilisation de la France primitive et toute la couleur qui manquait aux ouvrages historiques [1]. Enfin, grâce à ces publications, quelques poncifs s'ajoutèrent à ceux qu'avait imaginés La Curne : le fidèle serviteur, le traître, le baron brutal, le page amoureux de sa dame, les amants languissants enfermés dans des tours, les belles fugitives errant dans les forêts, l'amante qui meurt subitement quand elle apprend la mort de son amant.

II. — *Théâtre, roman, poésie et chanson.*

« Il faut convenir, écrivait en 1760, Grimm, à propos de Tancrède, que les mœurs de le chevalerie mises en action ont un charme inexprimable. Depuis les héros d'Homère et les familles tragiques de l'ancienne Grèce, on n'a rien trouvé d'aussi pathétique que ces mœurs-là. Le courage et la galanterie, la dévotion et l'amour, la candeur, le désintéressement, la loyauté, la vie errante, les travaux pénibles entrepris pour de beaux yeux..., tout ce contraste de grand, de noble, de simple, de cérémonieux et de ridicule offre bien au poète la plus belle carrière pour tous les genres de son art [2]. »

1. Le Grand d'Aussy et Millot, *ouvrages cités* : Préfaces.
2. *Correspondance littéraire*, IV, page 300.

Voltaire avait découvert le premier ce qu'un auteur dramatique pouvait tirer des *Mémoires sur l'ancienne chevalerie*. Dans *Zaïre* et dans *Adélaïde du Guesclin*, il avait déjà traité des sujets nationaux, mais en y recherchant surtout des situations tragiques et des conflits de passions. *Tancrède* est une reconstitution historique. La scène se passe au XIe siècle à Syracuse au moment où les Sarrasins, les Grecs et les Normands se disputent la Sicile. Tancrède, inconnu et proscrit, arrive pour prendre la défense de son amante Aménaïde conduite au supplice pour trahison. Sa devise est : Amour et Honneur. Il prouve l'innocence de sa belle par un combat en champ clos, où il triomphe de l'accusateur. Mais, la croyant secrètement coupable, il va se faire tuer à l'ennemi. On le ramène mourant d'une bataille. Aménaïde meurt de désespoir sur le cœur de son amant. Par souci des convenances, Voltaire avait renoncé à mettre sur le théâtre le duel judiciaire et il s'était indigné quand Mlle Clairon lui avait demandé un échafaud comme décor du troisième acte. Mais, sinon par sa mise en scène, du moins par sa psychologie et ses épisodes, Tancrède est déjà un drame troubadour.

De Belloy devint, après Voltaire, le poète national. Sa tragédie du *Siège de Calais* n'est qu'une pièce patriotique pleine de haine contre les Anglais et contre les mauvais Français qui

> feignent dans tout climat d'aimer l'humanité,
> pour ne la point servir dans leur propre cité.

Mais, en 1771, avec *Gaston et Bayard*, il évoque à son tour les purs chevaliers qui, rivaux en amour, font cependant assaut de générosité. Dans *Gabrielle de Vergy* [1], il combinera l'affreuse

1. 1777.

légende du mari faisant manger à sa femme le cœur de son amant avec les situations de la *Nouvelle Héloïse*. Gabrielle, contrainte d'épouser Faïel, c'est Julie mariée à Wolmar ; Coucy, c'est Saint-Preux. Gabrielle est une épouse vertueuse et une amoureuse sans espoir. Faïel, trompé par les apparences et atrocement jaloux de Coucy, ne croit cependant à la culpabilité de sa femme qu'après avoir triomphé dans le jugement de Dieu. Il reconnaît trop tard son erreur et Gabrielle meurt de désespoir. Dès lors les œuvres inspirées du moyen âge ne se comptent plus. D'Ussieux publie *Roger et Victor de Sabran* ; Baculard d'Arnaud écrit *Sargine*, nouvelle du temps de Philippe Auguste dont Monvel tirera un opéra. Florian donne à la Bibliothèque universelle des Romans *Bliombéris* ; Collardeau évoque dans ses poésies Héloïse et Abailard. Bayard sert de héros aux pièces de Monvel, de Pompigny, de Du Rozoy et de Piis. Sedaine compose un *Raymond V* et un *Maillard*, puis donne à Grétry les livrets d'*Aucassin et Nicolette*, et de *Richard Cœur de Lion*. L'Opéra joue l'*Armide* de Glück et *Adèle de Ponthieu* [1] ; les Italiens tournent en ridicule ces sujets à la mode dans *Matroco*, dans *Rose et Carloman* et dans la *Cour d'Amour*. De toutes ces œuvres et de beaucoup d'autres semblables, seules ont survécu *Armide* [2] et *Richard Cœur de Lion* [3]. La musique a fait tout le succès de la première. L'intrigue a contribué à celui de la seconde. Richard, enfermé au château de Linz, est retrouvé par le poète Blondel qui chante au pied de la tour où son souverain est captif une chanson dont celui-ci continue les couplets. « Dans une tour obscure, —

1. Livret de Saint-Marc ; partitions successives de Berton et La Borde, puis de Piccini.

2. 1777.

3. 1784.

Un roi puissant languit, — Son serviteur gémit, — De sa triste aventure. » La voix sortie du cachot continue : « Si Marguerite était ici, — Je m'écrierais : Plus de souci ! » Marguerite, comtesse de Flandre, arrive, donne l'assaut au château et délivre son fiancé. Le dialogue du roi captif et de son fidèle serviteur enthousiasma les spectateurs.

Presque toujours héros, situation et couleur historique étaient empruntés à La Curne, qui suggéra lui-même à Grétry le sujet d'*Aucassin et Nicolette*. Ce ne sont partout qu'investitures chevaleresques, tournois, duels judiciaires, et aventures empruntées aux romans de chevalerie. On a des défilés, des batailles, des incendies et des écroulements de châteaux ; parfois, un fantôme erre dans les donjons.

Pour donner l'illusion de l'archaïsme, souvent des écrivains élident les articles et les pronoms personnels, remplacent hélas ! par las !, si par tant, parlent de destriers, de pastourelles, de bacheliers ou de souvenance. La musique elle-même imite celle du moyen âge. Lévêque de la Ravallière et La Borde ayant publié des airs des XIIe et XIIIe siècles [1], Philidor et Grétry en utilisèrent les tonalités et surtout les rythmes. — mesures à 3/4 et à 6/8 —, pour donner à leurs mélodies une grâce ancienne.

Mièvrerie sentimentale, tableaux mélodramatiques, efforts vers la naïveté et l'archaïsme, nulle part ces traits ne sont plus nets que dans les romances de Moncrif, de de Lusse [2] ou dans les poésies de Léonard [3]. Celui-ci chante Arthur et Lucie :

---

1. Lévêque de la Ravalière, *Poésies du roi de Navarre* (1742). — La Borde, *Essai sur la Musique* (1780).

2. Moncrif, *Choix de chansons* (1757). — De Lusse, *Romances historiques, tendres et burlesques* (1767).

3. 1782.

> Au bord d'une mer écumante
> Vivait jadis dans un châtel
> Une jeune fille innocente
> Près d'un tuteur dur et cruel.

Arthur, pour voir sa maîtresse, s'engage comme écuyer ; mais les amants sont surpris. Arthur est banni, Lucie emprisonnée dans un donjon.

> Un soir que la pauvre captive
> Pleurait, songeant à son amour,
> Une voix touchante et plaintive
> S'élève au pied de la tour.
> Elle entend la voix qui l'appelle,
> Regarde à travers les barreaux,
> Et, dans une faible nacelle,
> Voit son amant au bord des eaux.

Arthur dit adieu à son amie, lui annonçant qu'il va mourir à la Croisade. Lucie lui jette son mouchoir, seul cadeau qu'elle puisse faire. Bientôt vient la hanter le fantôme de son amant dont les gémissements, se mêlent aux hurlements des chouettes, au ressac de la mer et au sifflement du vent d'automne. Un jour, un courrier rapporte à la jeune fille son mouchoir inondé de sang.

> Elle y fixe un regard farouche,
> Son cœur s'enfle, elle veut crier.
> Il sort un soupir de sa bouche,
> Et ce soupir est le dernier.

Non moins curieuse est la chanson de de Lusse : *la Veillée de la Bonne Femme* ou *le Réveil d'Enguerrand*.

I

> Tout au beau milieu des Ardennes
> Est un château sur le haut d'un rocher,
> Où les fantômes sont par centaines;
> Les voyageurs n'osent en approcher.

Dessus les tours
Sont nichés les vautours,
Les oiseaux de malheur !
Hélas, ma bonne, hélas, que j'ai grand peur !

II

Tout alentour de ses murailles,
On y entend les loups-garous hurler,
On entend traîner des ferrailles,
On voit des feux, on voit du sang couler.
Tout à la fois
De très sinistres voix
Qui vous glacent le cœur.
Hélas, ma bonne, hélas, que j'ai grand peur !

Sire Enguerrand venant d'Espagne, monte au château « cuidant se délasser ». A minuit, le château flamboie, des hurlements retentissent et des démons arrivent, torturant une ombre malheureuse. Celle-ci confie à Enguerrand qu'elle est fille d'un comte. Pour la séduire, un prêtre a fait un pacte avec le démon, l'a violée et l'a tuée. L'assassin, pour cacher le cadavre, a voulu creuser une fosse, mais à mesure qu'il creusait, la fosse s'emplissait de sang. Il a voulu se laver, mais, en se lavant, il s'éclaboussait de sang. Terrifié, il s'était alors tourné vers Satan :

Où m'enfuirai-je, misérable !
Pour m'engloutir, abîme, entr'ouvre-toi !

Satan aussitôt transformé en bouc avait pris le prêtre sur son dos, et, après une course infernale, l'avait précipité dans le gouffre. Quant à sa victime, pour avoir pris plaisir à sa faute involontaire, elle était torturée pour l'éternité. Pacte avec le démon et chevauchée vers l'abîme, éléments d'horreur empruntés aux vieilles légendes, devaient aussi passer parmi les thèmes romantiques.

Quelques auteurs, comme Mercier dans la *Mort de Louis XI* [1], réussirent même à évoquer un moyen âge plus exact que celui de la Curne. On y voit la fin du vieux roi, ses soupçons, ses manies, sa cruauté et sa peur de la mort. Le médecin Coictier le brutalise ; François de Paule l'invite à prier pour son salut ; des paysannes lui disent de dures vérités ; il enferme La Balue dans une cage ; il reçoit les ambassades de Bajazet et des Suisses. Autour du moribond, les ambitions se dévoilent. C'est une suite de tableaux pittoresques et parfois saisissants dont Casimir Delavigne devait se souvenir.

Beaucoup de ces écrivains se permettaient des anachronismes et des tirades contre la religion, l'absolutisme ou la féodalité, mais c'étaient des défauts faciles à corriger. De 1750 à 1789, la littérature s'est enrichie de notions et d'idées qui, reprises au XIXᵉ siècle par des hommes de génie, allaient leur inspirer des chefs-d'œuvre.

1. 1783.

CHAPITRE III

I. — *Costumes et décors de théâtre* [1].

La mise en scène est une des faces de l'art dramatique. Au début du siècle, ni la tragédie, ni l'opéra n'avaient recherché la vérité scénique. Les acteurs, face au parterre, déclamaient leur rôle d'un ton emphatique et monotone. Le costume des hommes était celui de leur temps, ou encore la tenue de théâtre qui comportait la culotte, le justaucorps gonflé aux hanches par des tonnelets, le bonnet à plumes et les bas de soie (fig. 3). Les femmes revêtaient la robe de ville ; puis, en 1727, elles adoptèrent la robe de cour, quand Adrienne Le Couvreur mit à la mode le manteau de brocart, la robe à traîne, et les paniers. La pièce se passait toujours dans un palais italien, un salon Louis XV, un jardin ou un carrefour.

L'évocation matérielle du moyen âge sur le théâtre, résulte, comme celle de l'antiquité et des contrées lointaines, de la révolution provoquée par Diderot et par Marmontel quand ils réclamèrent, vers 1755, le décor et le costume vrais, de même que des attitudes et une déclamation vraies, afin d'accroître l'émotion

---

1. Bapst, *Essai sur l'histoire du théâtre* (1783). — Jullien, *Histoire du costume au théâtre* (1880). — Lamé, *Le costume au théâtre* (1857). — G. Lanson, *Esquisse d'une histoire de la tragédie française* (1920).

dramatique [1]. Mme Favart, Mlle Clairon, et Lekain parmi les acteurs, Voltaire et de Belloy parmi les auteurs, se rallièrent les premiers à ces théories. Mais ce ne fut pas sans hésitation, surtout de la part de Voltaire, car on pouvait craindre que les beaux décors et les belles attitudes ne fissent tort aux beaux vers. L'ignorance archéologique ainsi que des difficultés pécuniaires contribuèrent encore à rendre très lente l'évolution vers la vérité.

Les écrivains les plus consciencieux se trompaient lourdement. Dans le *Faïel* de Baculard d'Arnaud, Coucy portait une armure de chevalier et un manteau bleu doublé d'hermine sur lequel était cousue une croix de drap rouge avec l'inscription : « Diex volt ! » ; il tenait à la main une lance à banderole ; une épée dont la garde était en forme de croix, pendait à son côté ; son costume n'était vraiment gâté que par des bottes rouges ; par contre Faïel était vêtu en seigneur du temps de Henri III.

Les désirs des auteurs, quoique modestes, étaient d'une réalisation difficile. Changer décors et costumes coûtait cher. L'armure paraissait lourde aux hommes [2] ; les femmes reprochaient aux modes du moyen âge de manquer d'élégance [3]. Les directeurs utilisèrent donc souvent des décors de style classique pour les pièces médiévales, et, tandis que les premiers rôles modifiaient leur garde-robe, les figurants utilisèrent toujours les vêtements trouvés dans les magasins du théâtre. Avant 1789, le disparate demeura la règle [4].

Lekain, Mlle Clairon et leurs émules introduisirent les habits

---

1. Marmontel, *Encyclopédie*, article *Décoration*. — Diderot, *De la poésie dramatique*, ch. XIX.

2. Le Vacher de Charnois, *Costumes et Annales des Grands Théâtres de Paris*, tome III, livraison n° 7. 1788.

3. Grobert, *De l'exécution dramatique*, ch. XIII (1809).

4. La Vallée, *Lettres d'un mameluck* (1803).

turcs pour les sujets asiatiques, les manteaux de peau de tigre pour les rôles de Scythes et de Sarmates, le costume antique pour les tragédies grecques ou romaines, et parfois l'accoutrement français du xvie siècle quand il s'agissait de chevalerie [1]. La tenue militaire, était celle des derniers tournois agrémentée de détails fantaisistes : casque à grand panache et manteau antique s'agrafant sur l'épaule. Pour l'alléger, les acteurs se faisaient façonner des cuissards et des jambières d'étoffe ; souvent même ils gardaient la culotte, les bas de soie, et les souliers à talons rouges ; quand ils retiraient leur casque, on voyait leur perruque poudrée à frimas. Le costume adopté en 1765 par Lekain dans le *Siège de Calais* nous paraît extravagant ; c'était pourtant un progrès sur les justaucorps à tonnelets, et même sur la tenue de La Rive, qui jouait le rôle de Tancrède habillé, à quelques détails près, comme un officier du xviiie siècle (fig. 4 et 5). Le costume de Sargine père dans la comédie lyrique de Monvel [2] devait constituer à son tour un progrès sur celui de Lekain (fig. 6). Quant aux vêtements civils, ils rappelèrent l'époque d'Henri III jusqu'en 1784, puis, la robe longue apparut. Qu'ils fussent couverts de la cuirasse, de l'habit ou de la tunique, toujours les chevaliers portaient galamment l'écharpe.

Les femmes s'astreignirent à moins d'exactitude encore. Mlle Vestris joua *Gabrielle de Vergy* en robe à paniers. Toutefois dans les *Amours de Bayard* de Monvel, Mlle Contat avait une robe blanche bordée de fourrures, un corsage à manches bouffantes, une fraise empesée, et une sorte de coiffe avec un voile flottant (fig. 7). D'autres actrices se parèrent du costume de Marie de Médicis.

1. Voir en particulier Millin, *Dictionnaire des Beaux-Arts*, article *Costume* (1803).

2. 1788.

La mise en scène de *Richard Cœur de Lion* offre un bon modèle de ce qui se réalisait au théâtre en 1784. Le décor du premier acte représente une maison à tourelle, un petit édifice et des arcades gothiques ; le fond de la scène est dominé par la masse du château de Linz. Blondel est revêtu d'une longue robe rouge avec col et poignets de dentelles ; les figurants portent des houppelandes à brandebourgs, des bottes, et de grands chapeaux. Au troisième acte, Marguerite est en robe à paniers et en manteau ; sur sa tête se dresse une aigrette ; ses soldats sont casqués à l'antique et escaladent la forteresse en présence de paysans vêtus comme au temps de Louis XVI. Il était alors facile de donner aux spectateurs l'illusion de la vérité ! (fig. 8 et 9).

Mais déjà les anachronismes de la mise en scène provoquaient de vives critiques [1], et Le Vacher de Charnois dessinait à l'usage des acteurs, des modèles remarquables d'armes et de costumes du XIe au XVe siècle (fig. 10). Le triomphe du costume vrai, qui allait être réalisé par Talma s'annonçait.

II. — *Architecture* [2].

Les guides, très nombreux, nous montrent que des milliers de touristes n'ont jamais cessé de visiter les monuments du moyen âge. Les objets d'art, la peinture et la sculpture, à l'exception des tombeaux des ducs de Bourgogne, furent le plus souvent

---

1. Le Vacher de Charnois, *op. cit.*

2. Corblet, *L'architecture du moyen âge jugée par les écrivains des deux derniers siècles* (1857). — Chenesseau, *Sainte-Croix d'Orléans* (1921). — Delahache, *La cathédrale de Strasbourg* (1910). — Monval, *Soufflot*, (1918). — Mornet, *Le romantisme en France au XVIIIe siècle* (1912) — Riat, *L'art des jardins* (1900). — Stein, *Les jardins de France* (1913).

dédaignés. Les châteaux-forts parurent monstrueux, jusqu'à la fin du siècle où on découvrit l'aspect romantique de leur silhouette et la majesté de leur masse ; mais le peuple a toujours aimé ses cathédrales.

Certains auteurs, de culture académique, comme Brice [1] et Piganiol de la Force [2], préfèrent le classique au gothique et condamnent la sculpture ornementale comme alourdissant les lignes même à la cathédrale de Reims. Mais Saugrain [3], libraire parisien, admire aussi bien le décoration de Notre-Dame de Paris que son architecture, et il voit dans la Sainte-Chapelle un des plus beaux édifices de l'Europe. A toutes les grandes constructions du moyen âge, il décerne des éloges, mais il s'en excuse parfois parce qu'elles sont gothiques. Chez les provinciaux, toute restriction disparait. Bohm s'enthousiasme pour la nef de la cathédrale de Strasbourg, pour les statues des porches, pour les monstres des gargouilles, enfin pour la flèche, « une des merveilles du monde ». Sablon, curé de Chartres [4], proclame la science des vieux maîtres maçons et préfère aux ornements de stuc et de marbre des églises nouvelles, les délicates sculptures de sa cathédrale où toute la cour céleste « semble pétrifiée ». L'esthétique du moyen âge est toujours restée celle du peuple.

Ni les architectes, ni les critiques d'art ne pouvaient ignorer les

---

1. Brice, *Description nouvelle de la Ville de Paris*, 1684 (fréquemment réédirée au XVIIIe s.).

2. Piganiol de La Force, *Nouvelle description de la France* (1718) ; *Nouveau voyage de France* (1740) ; *Description de Paris, Versailles et Marly* (1742).

3. Saugrain, *Les curiosités de Paris, Versailles et Marly* (1716) ; *Nouveau voyage de France* (1720).

4. Bohm, *La cathédrale de Strasbourg* (1733). — Sablon, *Histoire de l'antique et vénérable église de Chartres* (1671), réédité au XVIIIe s.

constructions médiévales, mais jusqu'au milieu du XVIIIe siècle presque tous, aveuglément partisans du classicisme, se bornèrent à plagier, sans le nommer, Félibien des Avaux [1]. Quoiqu'imbu de l'esprit académique, celui-ci admirait la hardiesse, la légèreté, la délicatesse et parfois même les heureuses proportions des églises du moyen âge. Il connaissait les grands maîtres d'œuvre, Jean de Chelles, Pierre de Montereau, Robert de Luzarches, Thomas de Cormont, Robert de Coucy et Erwin Steinbach. Il savait encore distinguer un gothique ancien massif et grossier, d'un gothique moderne léger et délicat, qui s'était ruiné lui-même par une hardiesse démesurée, esquissant ainsi l'évolution du roman au gothique et, au flamboyant. Mais il reculait l'origine du roman au VIe siècle, et bien qu'il connût l'utilité de l'ogive pour diminuer la poussée latérale des voûtes, il voyait dans le gothique grossier une imitation des cavernes, et dans le gothique récent une imitation des cabanes de branchages où vivaient les peuples septentrionaux. Un siècle plus tard Chateaubriand parlait encore de ces arcs qui jaillissent des piliers comme les branches sortent d'un tronc et qui s'entrecroisent à leur sommet comme les ramures des arbres.

Toutefois, si les architectes célèbres comme Boffrand [2] et Blondel [3] n'ajoutèrent à Félibien que des hypothèses sans valeur sur les origines silvestres, arabes ou germaniques de l'ogive, quelques autres moins connus émirent dès le début du siècle des idées originales sur le moyen âge. Frézier [4] formula pour la première fois en 1737, l'explication moderne de l'évolution de l'architecture médiévale par des découvertes de maçons s'appliquant à résoudre

---

1. Voir ci-dessus, p. 9.
2. Boffrand, *Livre d'architecture* (1745).
3. Blondel, *Architecture française* (1752).
4. *La théorie et la pratique de la coupe des pierres* (1737), p. 12.

le problème de la poussée latérale des voûtes sur les piliers et sur les murs. D'autre part une certaine opposition au classicisme se manifesta chez Cordemoi et chez Frémin. Le premier [1] regrettait que Michel-Ange n'eût pas conservé certaines beautés des monuments gothiques en présence desquels il éprouvait une secrète joie, mêlée de vénération et d'estime. Le second [2] s'enthousiasmait pour Notre-Dame et pour la Sainte-Chapelle, tandis qu'il ne voyait dans la construction de Saint-Eustache ou de Saint-Sulpice « ni jugement ni prudence ». C'étaient des précurseurs dont les idées allaient triompher.

Bientôt les règles classiques commencèrent à lasser en architecture comme en art dramatique ; on demanda du grandiose, du délicat, du pittoresque et du mystérieux. Cet esprit nouveau apparut dès 1741 dans « le Mémoire sur l'architecture gothique » que lut Soufflot à l'Académie des Beaux-Arts de Lyon. Il y démontrait que les architectes du moyen âge étaient supérieurs aux architectes modernes pour la science, la hardiesse et l'ingéniosité. Le contraste des ombres et des lumières qui fait paraître les objets plus vagues et plus lointains, la variété des points de vue qui se modifient dès qu'on se déplace, donne, ajoutait-il, aux églises gothiques, un charme ravissant. Mais il leur reprochait leur décoration bizarre, l'abus de leurs lignes verticales et surtout l'excès de leur hauteur comparée à leur largeur, qui les fait paraître plus longues et plus hautes qu'elles ne sont en réalité. Tandis que la raison de Soufflot se révoltait contre ce trompe-l'œil, elle approuvait les proportions de Saint-Pierre de Rome, qui, malgré son immensité paraît petit, et dont le visiteur découvre la grandeur à mesure qu'il avance.

1. Cordemoi, *Nouveau traité de toute l'architecture* (1714), p. 110.
2. Frémin, *Mémoires critiques d'architecture* (1702), lettre VI.

Cette critique des proportions usitées dans les églises gothiques fut écartée à son tour. Dès 1753, Laugier [1] reprochait à Saint-Sulpice de ne pas émouvoir son âme autant que Notre-Dame. Avec leurs pilastres, leurs arcades et leurs voûtes, écrivait-il, les églises modernes ont « du plus ou du moins dans la pesanteur, la vraie délicatesse et l'air majestueux ne se trouvent dans aucune ». Diderot [2], reprenant la comparaison de Soufflot, énonça alors dans toute sa force la querelle de l'architecture gothique et de l'architecture grecque et romaine. Comment fallait-il bâtir Saint-Pierre de Rome ? Valait-il mieux réduire cet édifice à un effet ordinaire par l'observation rigoureuse des proportions que de lui donner un aspect étonnant par une ordonnance moins sévère et moins régulière ? Le talent consiste-t-il à agrandir les objets par la magie de l'art ou à en dérober l'énormité par l'équilibre des parties ? — Le sentiment triomphait de la raison.

L'Académie d'architecture elle-même se prit d'estime pour l'art gothique. Alors qu'en 1756 elle approuvait encore les plans de Baccari et de Vassé qui mutilaient le chœur de Saint-Germain-l'Auxerrois [3], en 1760 [4], elle étudia longuement les travaux exécutés à Sainte-Croix et à Strasbourg, admirant la beauté gothique de ces églises et se préoccupant de n'en compromettre ni la solidité ni le style. A la même époque, elle écouta le mémoire de Soufflot sur l'architecture du moyen âge, et examina des plans de Notre-Dame de Dijon ; quand l'église de Royaumont eut brûlé elle pria l'architecte Rousset d'aller en étudier les ruines [4]. En 1777, Patte, rompant avec toutes les traditions, enseigna longuement

1. Laugier, *Essai sur l'architecture* (1753).
2. Diderot, *Essai sur la peinture pour faire suite au Salon de 1765*, chap. VI.
3. Procès-verbaux de l'Académie d'architecture, t. VI.
4. Id., t. VII.

le système des voûtes à croisées d'ogive, des piliers, des contre-forts et des arcs-boutants [1]. Dès lors, les jeunes architectes allaient être capables de construire des édifices gothiques.

Bien avant que fût gagnée la cause de l'art ogival, les Orléanais avaient lutté pour lui. Au début du XVIIIe siècle, il leur restait à relever le clocher de Sainte-Croix et à bâtir un portail surmonté de tours qui n'avait jamais pu être construit. En 1705, les classiques triomphèrent grâce au cardinal de Coislin qui imposa un clocher copié sur le Dôme des Invalides, et une façade copiée sur Saint-Pierre de Rome. Mais, après sa mort, le nouvel évêque Fleuriau d'Armenonville, soutenu par les Orléanais, arrêta les travaux et en appela à Louis XIV. Celui-ci, jugeant malséant de plaquer des constructions modernes sur un édifice gothique, cassa les adjudications. Hénault, conducteur des travaux de la cathédrale et Robert de Cotte lui présentèrent un projet de portail et un projet de clocher dans le style ogival qu'il accepta après divers remaniements. Grâce à son goût artistique, Louis XIV avait sauvegardé l'unité du monument.

Les travaux, qui durèrent jusqu'à la Révolution, témoignent d'efforts continus vers l'élégance et la légèreté. Le clocher, formé d'une carcasse de bois recouverte de plomb, fut achevé en 1711. Malgré sa lourdeur apparente, il était si fragile qu'il fallut l'abattre en 1857. Le portail projeté par Hénault constituait pour la cathédrale un vestibule colossal aussi large que les cinq nefs et aussi haut que la plus grande. Sept roses éclairaient ce vaisseau transversal. Les piliers encadrant ce vide immense servaient de base à deux tours octogonales hautes de deux étages. L'aspect général de la façade rappelait Notre-Dame de Paris ; les portes étaient surmontées de balustrades comme celles

---

1. Blondel, *Cours d'architecture* continué par Patte.

de Saint-Marc de Venise. La décoration des tympans était réservée pour l'avenir (fig. 11).

Ce projet, que la guerre de Succession d'Espagne empêcha de réaliser fut remanié en 1723 par Jacques Gabriel. Celui-ci conserva le majestueux vestibule et le dessin général de la façade ; mais il supprima des escaliers et quelques ouvertures pour renforcer les piliers et les superposer exactement les uns aux autres. La décoration un peu plus soignée comportait des panneaux, des lobes et des rosaces maladroitement plaqués sur les murs (fig. 12).

La construction s'effectua si lentement qu'en 1767 elle n'atteignait pas la base des tours ; mais dès lors les progrès furent rapides sous la direction de Trouard qui voulut retrouver l'élégance du XIIIe siècle. Après avoir étudié les églises gothiques les plus célèbres, il élabora un troisième projet : l'importance des lignes horizontales diminua ; les tours, d'octogonales devinrent carrées ; au premier étage elles se flanquèrent, comme la flèche de Strasbourg, d'escaliers à vis ; elles s'élevèrent enfin d'un troisième étage constitué, comme à la cathédrale de Toul, de fines colonnettes ajourées, au sommet desquelles Trouard plaça des anges agitant des couronnes. La façade s'orna de niches, de statues et d'un décor floral imité des vieux maîtres, qui soulignait les lignes du portail de festons de roses et de vigne. Ce plan fut réalisé sans changement important par Trouard jusqu'en 1774, puis par ses successeurs Legrand et Paris (fig. 13).

Mais avant même que les tours fussent achevées, tout l'édifice faillit s'écrouler. Les fondations de Gabriel n'étaient pas assez profondes ; Trouard avait employé de mauvaises pierres et prodigué des ferrures dont la dilatation avait disloqué les joints. Ni l'un, ni l'autre n'avait su orienter ou équilibrer les poussées. Trouard dût étayer la maçonnerie en élevant un mur qui sépara le portail des cinq nefs. En 1778, Legrand constata que les voûtes s'écrasaient, et que les piliers s'écartaient de la verticale. Il fallut se hâter de renforcer les ogives, de relier les piliers par des tirants de fer, de bâtir des murs de soutènement transversaux et d'établir des voûtes basses, ce qui morcela le vestibule, diminua sa hauteur et le priva de la lumière des roses. Rien ne subsista du plan grandiose imaginé par Hénault.

La cathédrale de Sainte-Croix établit la transition entre le gothique du moyen âge et celui du XIXe siècle. Fragile et pauvrement décorée d'éléments disparates, elle n'est guère admirée que par les Orléanais. Elle représente pourtant de grands efforts pour retrouver une technique oubliée. D'Hénault à Gabriel et à Trouard les progrès sont indéniables ; les bévues mêmes de ces architectes contribuèrent à l'éducation de leurs successeurs.

D'autres travaux importants furent réalisés à Strasbourg, où l'incendie de 1759 détruisit toute la voûte ainsi que la mitre octogonale qui dominait le chœur. L'Académie consultée s'opposa, sur l'avis de Contant, de Tannevot et de Soufflot, à la construction d'un toit de pierre trop lourd pour les piliers, ainsi qu'à l'édification d'une lanterne qui aurait altéré le style de l'édifice. Les Strasbourgeois acceptant ces vues, se décidèrent en faveur d'une voûte de bois recouverte de cuivre et d'une terrasse octogonale sur laquelle on pourrait ultérieurement placer une flèche gothique [1]. Puis de 1772 à 1778, Goetz éleva sur les côtés de la cathédrale des boutiques dont les ogives fantaisistes s'accordaient avec l'ensemble du monument. Elles sont restées à peu près intactes sur la face septentrionale, et il en subsiste l'armature sur la face méridionale (fig. 14).

La vogue des jardins anglais contribua au succès de l'archi-

---

1. Procès-verbaux de l'Académie d'Architecture, 1760-1761, t. VII.

tecture gothique. Les jardins français avec leurs lignes géomé-
triques et leurs masses bien équilibrées de verdure, de bassins
et de parterres fleuris ne satisfaisaient plus les âmes sensibles.
Rousseau, dans la *Nouvelle Héloïse* [1], demandait un parc, image
de la nature, qui ne connaît ni règle ni équerre, et qui ne plante
rien au cordeau. Dès lors les architectes cherchèrent, comme en
Angleterre, des effets pittoresques. Des terrassiers construisirent
des collines, des cavernes et des cascades ; les pelouses se parse-
mèrent de bouquets d'arbres ; des chemins sinueux permirent
aux promeneurs de découvrir à chaque pas des perspectives
nouvelles, qui devaient tantôt leur suggérer des états d'âme,
amitié, amour, terreur, gaîté ou mélancolie, tantôt évoquer à
leurs yeux des civilisations étrangères. Des mosquées, des pagodes,
des temples grecs, des chapelles, des tombeaux, des colonnes,
des pyramides et des inscriptions aidèrent à échauffer les imagi-
nations. Le jardin du philosophe et du peintre se substitua à
celui de l'architecte.

Les fabriques gothiques en devinrent un élément essentiel.
En Angleterre, les jardins en étaient remplis, et, depuis qu'en 1753,
Horace Walpole avait bâti son château de Strawberry Hill, on
voyait partout des maisons en forme d'église ou de forteresses
avec des cours en forme de cloître, des fenêtres et des plafonds
en forme d'ogive et des cheminées en forme de tombeaux [2]. A
partir de 1774, cette mode se répandit si vite en France que le
prince de Ligne s'en plaignit [3]. Carmontelle plaça dans le parc de
Monceau [4] un manoir en ruines, et Blaikie, dans celui de Bagatelle,

1. 1760.
2. Eastlake, *A history of the gothic revival*, 1872.
3. *Coup d'œil sur Bel-œil*, éd. de 1795, publié par le comte de Ganay,
(1922).
4. 1774.

une tour des Paladins [1]. Bernard édifia à l'abbaye d'Ourscamp
une chapelle et un observatoire gothiques [2] (fig. 15, 16) ; Bettini
construisit dans le jardin de La Chapelle un donjon et un château
à demi écroulé que baignait une rivière (fig. 17). Ermenonville
avait sa tour de Gabrielle. Kléber, le futur général, couvrit en
1787 les domaines du prince de Montbéliard de petits édifices
gothiques, chapelle anabaptiste, salles de concert et de récréation,
tir à la cible, logements de domestiques, portes monumentales
(fig. 18 à 21). Le duc de Penthièvre faisait dresser des tombeaux
gothiques à Armainvilliers (fig. 22 et 23). Les jardins de Betz
dessinés par le duc d'Harcourt étaient particulièrement consacrés
au moyen âge. A côté de statues d'amis célèbres, d'un bateau
chinois, et d'une pyramide consacrée à l'indépendance améri-
caine, on y voyait des statues de chevaliers, de monstres et de
géants, ainsi que les tombes de Thybaut et d'Adèle. Un donjon
éventré dominait le paysage (fig. 25).

Le poème de Cerutti [3] nous révèle les états d'âme que ces
fabriques devaient suggérer : attendrissement sur le triste sort
d'amants fidèles, réflexions sur l'instabilité de l'architecture et
sur les transformations de l'humanité, évocation des mœurs du
moyen âge :

> L'œil observe d'abord la forteresse antique,
> Où, des peuples de Betz, le despote gothique
> Régnait, environné de preux et de remparts.
> ... De nos vaillants aïeux,
> Tout y représentait les tournois magnanimes ;
> Ils semblaient reparaître et combattre à mes yeux.
> J'entendais, sous les coups, retentir les abîmes.
> Juge de leurs combats, idole de leur cœur,

1. 1780.
2. 1780.
3. Cérutti, *Les jardins de Betz*, 1792.

Du haut des tours, la dame admirait le vainqueur.
Casques et boucliers, cuirasses gigantesques,
Cris d'armes, mots d'amour, devises de l'honneur,
Cartels pour l'infidèle et pour le suborneur...
Tout garde sur ces murs vraiment chevaleresques,
La mémoire d'un siècle, où l'épée, où la foi,
Où la galanterie étaient la seule loi !

Le style de ces fabriques était pauvre et souvent mêlé d'éléments bizarres, comme ce pavillon du philosophe de Bagatelle où se juxtaposaient des fenêtres en ogive, un nœud de rubans Louis XVI et des dragons chinois (fig. 24) ; mais elles rendaient familières les formes élancées des monuments gothiques.

A la fin du xviiie siècle les architectes les plus classiques en subirent l'influence et rêvèrent d'un art parfait qui combinât les beautés de l'antiquité à celles du moyen âge. Tandis qu'en Angleterre Batty-Langley proposait des colonnes d'ordre composite mi-grecques, mi-gothiques, Soufflot songeait à modifier les proportions des monuments classiques et voulait obtenir comme les maîtres d'œuvre, le maximum de solidité et de légèreté avec le minimum de matériaux. C'est d'après ces principes, qu'au Panthéon, il supprima les piliers et les arcades pour faire porter tout le poids de l'édifice sur des colonnes ; mais il diminua tant l'épaisseur des murs qu'il fallut ensuite les renforcer en bouchant les fenêtres. Ce monument, d'une pesanteur romaine, fut une tentative manquée pour réaliser un juste milieu entre l'architecture antique et l'architecture gothique.

III. — *Peinture* [1].

Peintres d'histoire et paysagistes, par préjugés d'école, tirèrent très peu parti du moyen âge. Personnages importants qui visaient

1. Locquin, *La peinture d'histoire de* 1747 *à* 1 785 (1912).

à la grandeur, les peintres d'histoire se consacraient à des sujets pieux ou à des scènes antiques ; quand ils touchaient à l'histoire moderne, ils l'anoblissaient par des allégories. Malgré l'exemple de Rubens qui avait représenté un tournoi [1], presque jamais ils ne s'abaissèrent à s'inspirer de la littérature troubadour. Néanmoins les modes nouvelles finirent par forcer les portes de leurs ateliers au nom du patriotisme et de la morale. Disciple de Diderot qui voulait faire du peintre un prédicateur, La Font Saint-Yenne demandait en 1753, qu'à côté des traits héroïques de l'antiquité on représentât la bravoure de Bayard, la générosité de François Ier ou la justice de saint Louis, sujets neufs qui honoreraient la patrie et élèveraient les âmes. Dès lors, les peintres cessèrent de dédaigner l'histoire nationale, et s'ils s'attachèrent surtout à François Ier ou à Henri IV, ils ne négligèrent pas les périodes plus lointaines.

En 1765, Lépicié exposa la « Descente de Guillaume le Conquérant en Angleterre », riposte artistique au traité de Paris. Au salon de 1773 parut une série de toiles consacrées à l'histoire de saint Louis : « Saint Louis remettant la régence à Blanche de Castille » par Vien, « Saint Louis recevant l'ambassade des Tartares et du Vieux de la Montagne » par Brenet, le « Mariage de saint Louis » par Taraval, « Saint Louis sous le chêne de Vincennes » par Lagrené, la « Mort de saint Louis » par Doyen. Ce n'était plus comme auparavant des tableaux de sainteté tout allégoriques. Tandis qu'en 1756, Natoire représentait l'âme de saint Louis montant au ciel soutenue par la Religion et escortée par ses vertus, Doyen portait tous ses efforts sur l'expression du moribond recevant sa dernière communion, et Vien recherchait pour la première fois ainsi que Brenet l'exactitude des costumes du moyen âge.

1. Tableau du Louvre.

D'Angiviller, devenu en 1774 directeur général des Bâtiments, orienta définitivement les peintres vers ces sujets nouveaux, en libellant lui-même le texte des commandes royales. Un « Trait de respect pour la vertu : honneurs rendus à Du Guesclin par la ville de Randon » échut à Brenet ; un « Trait de respect pour les mœurs : le chevalier Bayard remet sa prisonnière à sa mère et la dote » échut à Durameau. Puis, en 1778, d'Angiviller fit peindre à Berthélemy l' « Action courageuse d'Eustache de Saint-Pierre ». Aux salons qui suivirent furent exposés, la « Mort d'Étienne Marcel », l' « Entrée des Français dans Paris », et le « Siège de Calais » par Berthélemy, la « Courtoisie de Bayard » et « Saint Louis rendant la justice » par Brenet, le « Siège de Beauvais » par le Barbier, « Saint Louis débarquant en Égypte », et « Saint Louis pansant les blessés » par Robin. La littérature et l'opéra n'inspirèrent que de rares tableaux du moyen âge : « Gabrielle de Vergy » par Jollain[1], « Renaud et Armide » par Lagrenée[2], « Abailard » par Taillasson[3].

L'exactitude du costume et du décor qui, sous l'influence de Winckelmann, s'imposait dans les sujets antiques, s'imposa de même dans les sujets français. Vincent reconstitua parfaitement l'époque de la Fronde dans son « Président Molé tenant tête aux factieux », mais pour les siècles antérieurs, seul le critique Dupont de Nemours réclama une exactitude rigoureuse. Les peintres reprochaient aux habits du moyen âge, souvent courts et collants, de ne pas « draper ». Fréron estimait ridicules les souliers à la poulaine, Caylus conseillait aux artistes de s'écarter du « costume absolu » en se contentant de la vraisemblance. La peinture, comme le théâtre, quoique pour des motifs différents, n'admit

1. Salon de 1779.
2. Salon de 1786.
3. Salon de 1789.

pas sans résistance les reconstitutions exactes. Dans le « Débarquement de Guillaume le Conquérant en Angleterre », les costumes étaient de pure fantaisie, mais peu après les artistes consultèrent les planches de Montfaucon et les dessins de Gaignères. Durameau, le Barbier et surtout Brenet qui possédait des armures et d'anciens costumes se firent remarquer par leur souci de la vérité.

Le meilleur des tableaux patriotiques et moraux peints à cette époque est celui de Brenet : Honneurs rendus à Du Guesclin par la ville de Randon (fig. 26). Le corps du héros repose sur un lit de parade ; un genou en terre, le chef anglais remet les clefs de la ville à Olivier de Clisson qui lui montre tristement le cadavre de son ami. A côté d'eux le maréchal de Sancerre se tient immobile. A l'arrière-plan on aperçoit la garnison ennemie, et tout au fond la forteresse se détachant sur le ciel ; l'œil est encore sensible à la grandeur de la scène, bien que ce tableau soit traité selon une formule d'art aujourd'hui désuète. Brenet y a observé, autant que sa science le lui permettait, l'exactitude des costumes. Clisson et Sancerre sont bien des soldats du XIVe siècle, mais la casaque et la collerette du petit page, de même que l'arc et le bouclier de Du Guesclin, ne sont pas du temps de Charles V.

Les paysagistes furent encore plus traditionnalistes que les peintres d'histoire. Le beau paysage, c'était le paysage italien. La nature française, telle qu'elle pouvait apparaître dans les scènes galantes de Watteau, dans les pastorales de Boucher, dans les scènes de chasse d'Oudry et de Desportes ou dans les parcs d'Hubert Robert ne comportait pas de monuments du moyen âge. Joseph Vernet n'était pas insensible au pittoresque d'une flèche d'église ou d'une tour crénelée, mais il s'intéressait surtout aux tempêtes, aux nuits sombres, et aux clairs de lune. Les premiers paysagistes, depuis longtemps oubliés, qui cherchèrent à exprimer la beauté de nos anciens édifices furent Nivard qui exposa au Salon de 1783 une église gothique, et Fontaine qui envoya au salon de 1789 six toiles représentant des églises gothiques vues de jour ou de nuit. Encore Fontaine se crut-il obligé de rehausser la dignité de ses œuvres en y peignant des personnages espagnols !

IV. — *Gravure.*

Tandis que les peintres n'osaient s'affranchir des sujets traditionnels, les graveurs soumis à tous les caprices de la mode commencèrent à traiter le moyen âge à la manière d'artistes du XIXe siècle.

Il ne faut pas chercher la nouveauté dans les illustrations d'ouvrages historiques antérieurs à 1775. Les estampes dessineés en 1765 par Cochin pour l'*Abregé* du président Hénault exaspèrent le lecteur par leurs allégories puériles et leur mépris de toute exactitude. Un soleil rayonnant symbolise l'éclat d'un beau règne, des éclairs qui traversent des nuées indiquent les époques de malheur, des renommées sonnent la trompette, des monstres rampent autour des héros. Un homme mollement assis, qu'entourent un bouc, un porc et des femmes nues, représente Philippe Ier s'abandonnant à la volupté tandis que la Gloire entraîne une foule de guerriers à la délivrance de la Croix chargée de fers (fig. 27). Les graveurs subissaient alors l'influence dominatrice des peintres d'histoire.

Mais ils ne tardèrent pas à s'émanciper. Les « Figures de l'histoire de France » de Moreau le Jeune et Lebas [1] n'ont plus rien de commun avec les estampes de Cochin. Les allégories y ont

---

1. 1779.

disparu ; et si on y trouve comme chez Brenet ou Berthélemy des scènes patriotiques et morales comme l'« Expédition des Normands en Angleterre » ou la « Continence de Louis VIII », d'autres illustrations révèlent un esprit nouveau. Un ménestrel chante devait une cour d'amour, des chevaliers joutent dans un tournoi, Héloïse prend le voile, saint Louis se cache de sa mère pour aller voir sa femme, les templiers rétractent leurs aveux, des croisés dégoutants de sang revêtent la robe de pèlerin pour se prosterner devant le Saint-Sépulcre après le sac de Jérusalem, Cramme et sa famille sont brûlés par ordre de Clotaire, les frères De Launai amants des brus de Philippe le Bel sont écorchés vifs et traînés par des chevaux sur un pré fraîchement coupé. Tour à tour Lebas et Moreau le Jeune ont recherché le pittoresque, l'anecdotique, le brutal et l'horrible. La truculence romantique apparaît sinon dans le dessin qui reste souvent fade, du moins dans le choix des sujets (fig. 28 à 31).

C'est de la même inspiration que procède l'estampe consacrée par Desprès à l'Ensevelissement clandestin du roi André assassiné par sa femme Jeanne de Naples, véritable scène de mélodrame (fig. 32). Dans les estampes destinées aux romans et aux pièces de théâtre, se trouvent surtout les thèmes sentimentaux de l'art troubadour. Si on y voit des combats de chevaliers et des prisonniers enchaînés dans des cachots, ce qui domine ce sont les scènes d'amour : amants qui échangent leurs serments, pages agenouillés devant leur dame, adieux du chevalier qui part pour la croisade, paladins qui défendent l'épée à la main leur amante éplorée.

Souvent le détail de ces gravures prête à sourire. Les dessins fournis par Eisen à Baculard d'Arnaud sont pleins d'anachronismes : Sargine en armure du XVIe siècle reçoit le prix du tournoi agenouillé devant Blanche de Castille parée d'un col Médicis, pendant qu'au fond, les passes d'armes continuent entre chevaliers empanachés, dans une lice qu'entourent des colonnes corinthiennes. Dans les illustrations de Borel pour les pièces de de Belloy, on voit, comme au théâtre, des bâtiments gothiques et des costumes du XVIe siècle (fig. 33). Mais en 1788, la scène du Petit Jehan de Saintré aux pieds de la dame des Belles Cousines était déjà remarquable par l'exactitude de certains détails : casaque serrée à la taille, pantalon collant et souliers à la poulaine du page, coiffure de la femme en sorte de hennin, boiseries gothiques, tentures fleurdelisées, bahut ancien surmonté d'un triptyque (fig. 34). Dès 1780, Moreau le jeune avait réalisé une parfaite reconstitution du passé avec son Philippe le Bon instituant l'ordre de la Toison d'Or. Dans l'estampe comme dans tous les autres genres, les artistes tendaient à évoquer exactement le moyen âge (fig. 35).

Les graveurs n'ont pas seulement préparé le renouveau de la peinture d'histoire, ils ont également découvert bien avant les paysagistes le pittoresque des édifices romans et gothiques et ils ont senti combien les éléments de ce pittoresque variaient avec les régions.

Dans l'ouvrage consacré par l'abbé de Saint-Non à Naples et à la Sicile [1], les dessinateurs Châtelet et Desprès ainsi que les graveurs Berthaut, de Ghendt, Varin, Guttembert et Paris ont fait ressortir le contraste entre les temples grecs ou romains et les édifices gothiques, églises de Salerne, de Palerme ou de Messine. Ils ont encore été séduits par la vue d'un donjon ruiné d'origine normande, germanique ou sarrasine dans une campagne rocheuse et désolée ou sur un promontoire abrupt qui domine la mer (fig. 36, 37).

---

1. *Voyages pittoresques de Naples et de Sicile*, 1777.

— 48 —

Dans les *Tableaux de la Suisse* d'Alexandre de Laborde [1],
les dessinateurs Barbier et Pérignon font graver par Quauvilliers, Fessard et Née des châteaux forts qui se détachent sur les
eaux des lacs, sur les cimes neigeuses et sur les flancs boisés des
montagnes, ou qui s'isolent au sommet de pitons rocheux enca-
drés de vallées profondes (fig. 38).·

Dans les *Voyages pittoresques de la France* [2] les dessins de Lallemand et Tavernier gravés par Née et Masquelier expriment le
charme nuancé et subtil qu'acquièrent les monuments du moyen
âge dans des contrées de formes moins heurtées que la Suisse et
l'Italie. Masse imposante des châteaux de Coucy et de Pierrefonds, contraste entre la rudesse de la tour de la Ferté-Milon et
l'aspect riant des jardins qui l'entourent, formes trapues des
églises romanes d'Autun et du Puy, légèreté des églises gothiques
de Beauvais, de Soissons ou d'Amiens, grandeur religieuse des
nefs ogivales, aspect ténébreux des cryptes, solitude des cloîtres
et poésie des ruines ont tour à tour ému leur âme. Ils ont même
essayé de rendre l'effet de la lumière sur les pierres patinées par
les siècles dans leurs estampes de « Notre-Dame-de-Brou vue
dans l'éloignement » et de « Notre-Dame-de-Brou éclairée par le
couchant ». Tous ces artistes peu connus sont des précurseurs
(fig. 39 et 40).

La lecture des Martyrs a révélé à Augustin Thierry l'aspect
véritable des invasions barbares et Michelet a senti s'éveiller sa
vocation au Musée des Monuments français réunis par Lenoir sous
la Convention. « Que d'âmes, écrit Michelet, ont pris dans ce musée

---

1. 1780.

2. Le titre primitif fut : *Description générale et particulière de la France*,
1781, par La Borde. En 1784, l'auteur adopta le titre de *Voyages pittoresques de la France*. La publication interrompue à plusieurs reprises
se continua jusqu'en 1809. L'ouvrage est resté inachevé. Nous n'utili-
sons que les estampes antérieures à 1789.

l'étincelle historique, l'intérêt des grands souvenirs, le vague désir de remonter les âges ! » Les œuvres de Lenoir et de Chateaubriand à qui on attribue trop souvent la gloire d'avoir découvert le moyen âge résultent elles-mêmes du travail de deux générations.

TABLE DES PLANCHES

TABLE DES MATIÈRES

MACON, PROTAT FRÈRES, IMPRIMEURS, — MCMXXVI.

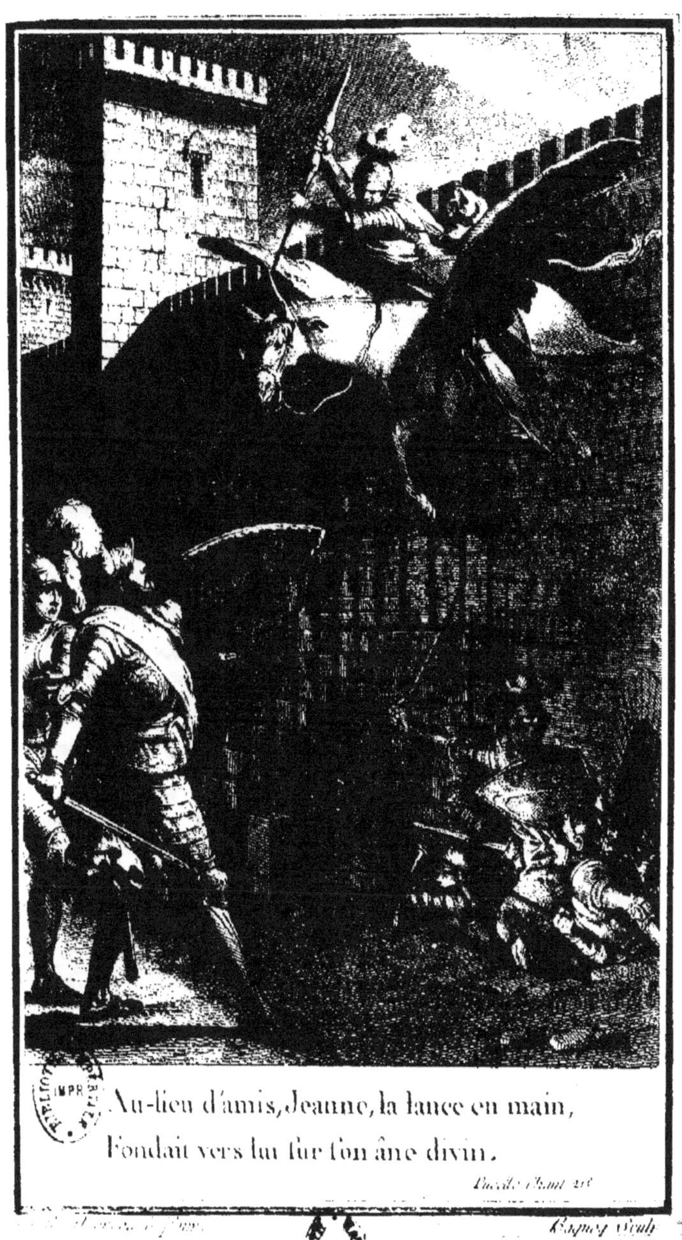

FIG. 1. — COMBAT DE JEANNE-D'ARC CONTRE TALBOT
SOUS LES MURS D'ORLÉANS.

(Gravure de Moreau le Jeune, tirée de La Pucelle, éd. 1785).

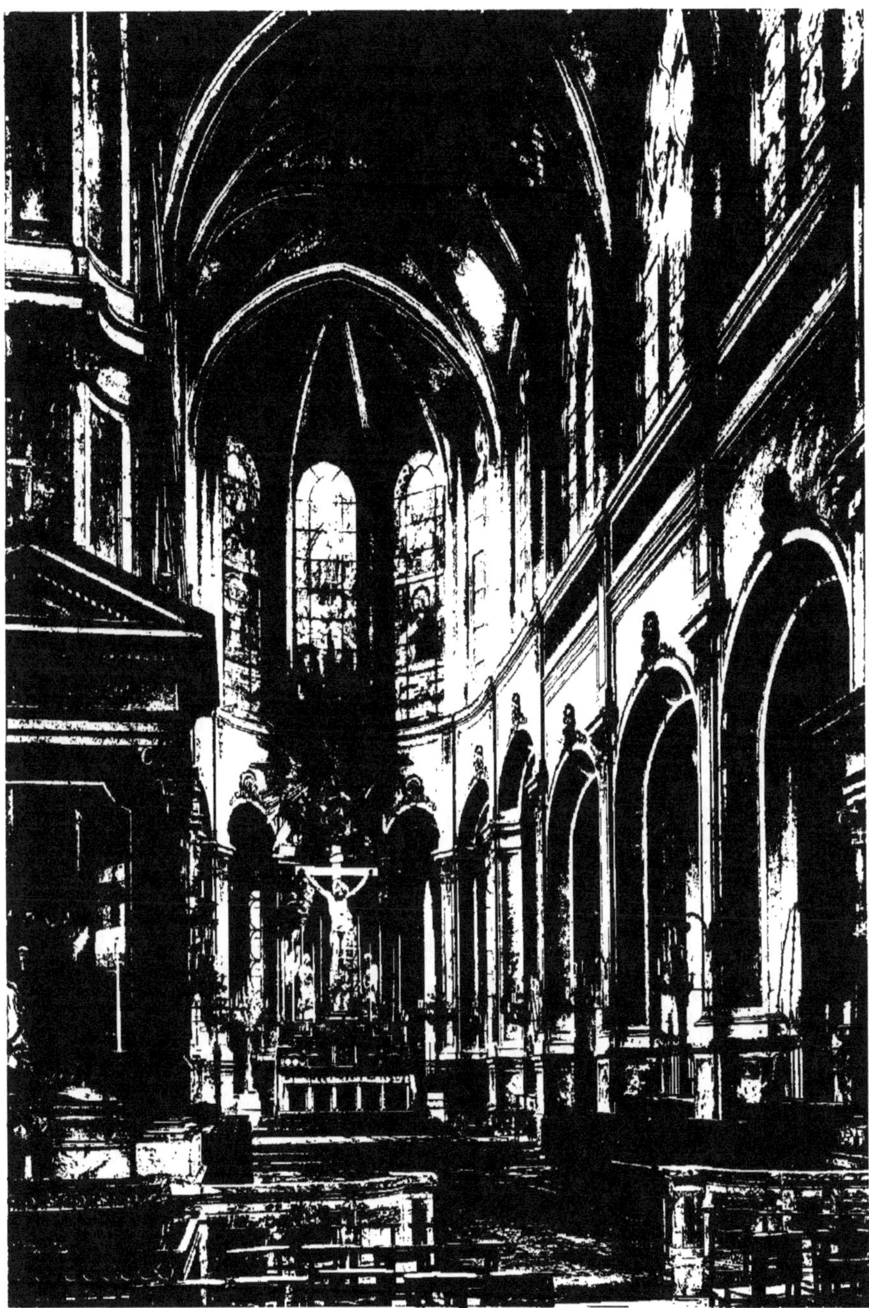

FIG. 2. — CHŒUR DE L'ÉGLISE SAINT-MERRI A PARIS.
Les piliers et les arcades gothiques ont été masqués par un placage de stuc.
Les fenêtres et les ogives de la voûte sont restées intactes.

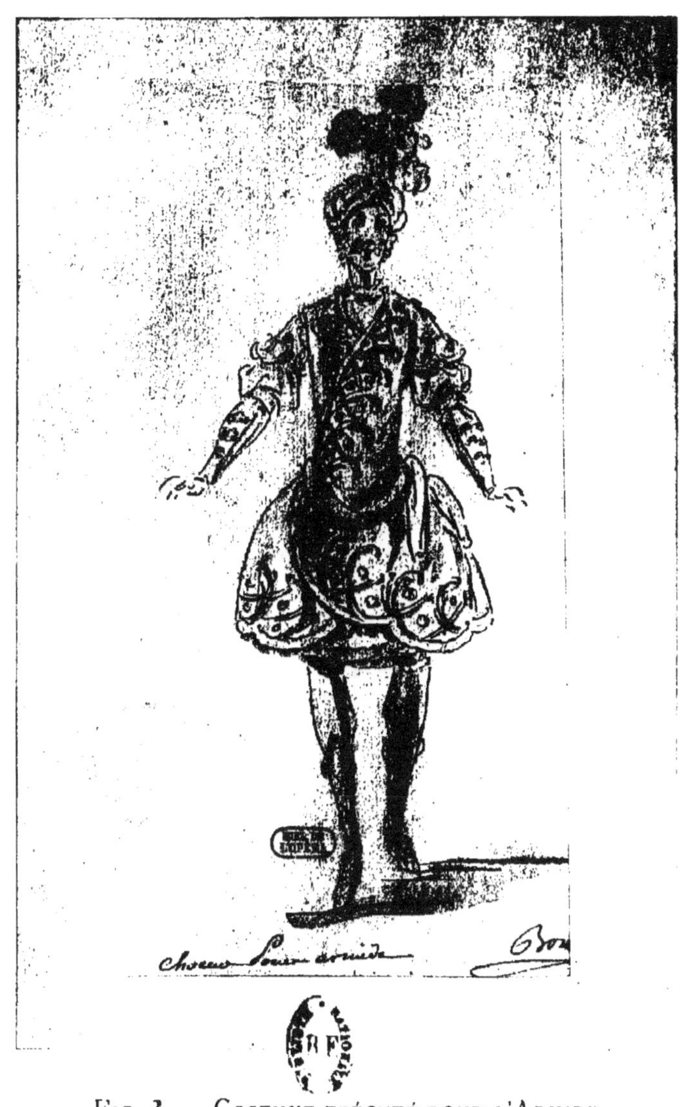

FIG. 3. — COSTUME EXÉCUTÉ POUR L'ARMIDE
DE LULLI, (1764).
L'Opéra a conservé les modes du début du siècle.
Aucun souci d'exactitude ne se manifeste.
(Bibliothèque de l'Opéra).

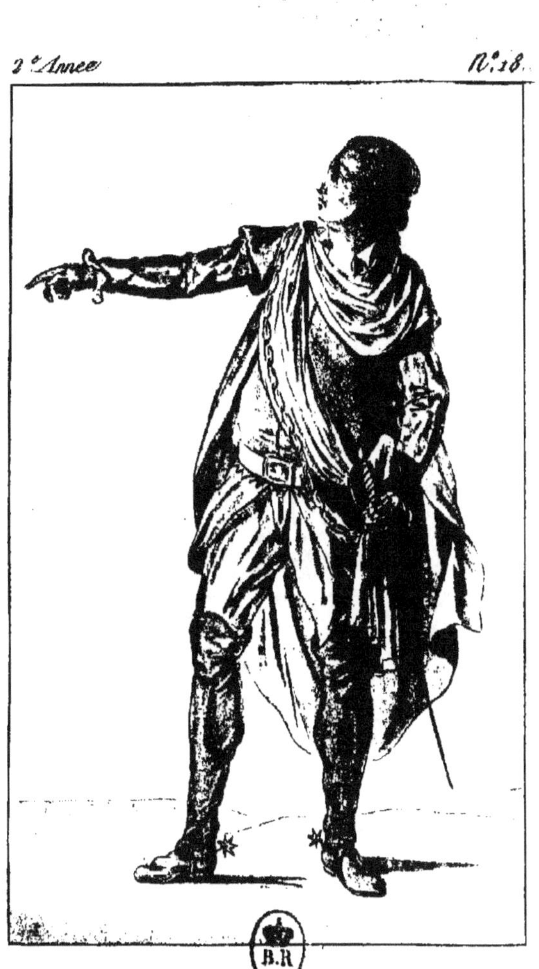

COSTUME DE M. DE LA RIVE

dans le Rôle de Tancrède

FIG. 4. — L'acteur porte le costume militaire de son temps
et le manteau antique. Mais l'écharpe le désigne aux spectateurs
comme un chevalier du moyen-âge.

(Le Vacher de Charnois. Costumes et annales des grands théâtres de Paris.)

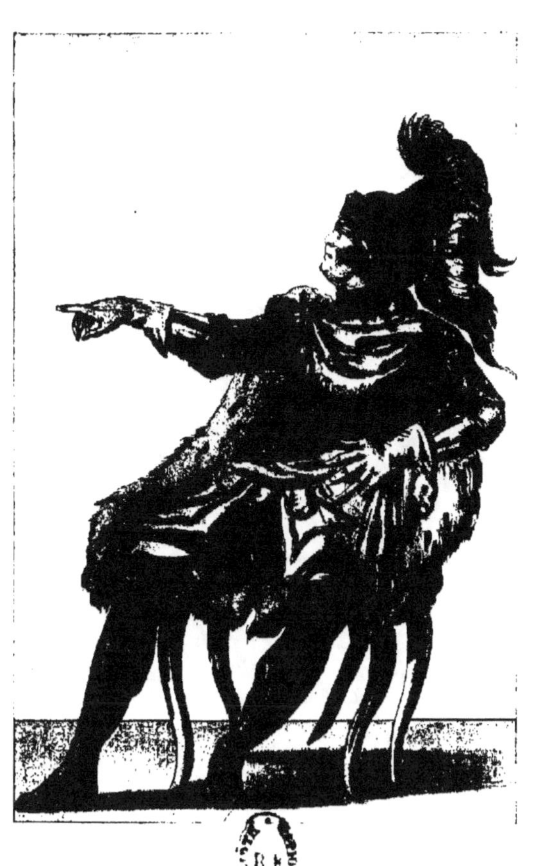

FIG. 5. — COSTUME DE LEKAIN
DANS LE SIÈGE DE CALAIS.
*(Le Vacher de Charnois. Costumes et annales
des grands théâtres de Paris).*

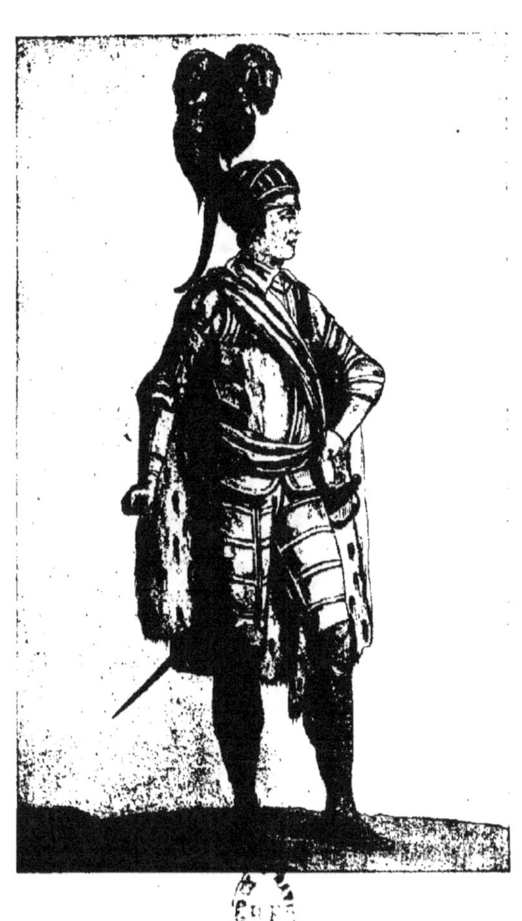

FIG. **6**. — COSTUME DE CHEVALIER
DANS SARGINE, COMÉDIE DE MONVEL.
*(Le Vacher de Charnois. Costumes et annales
des grands théâtres de Paris).*

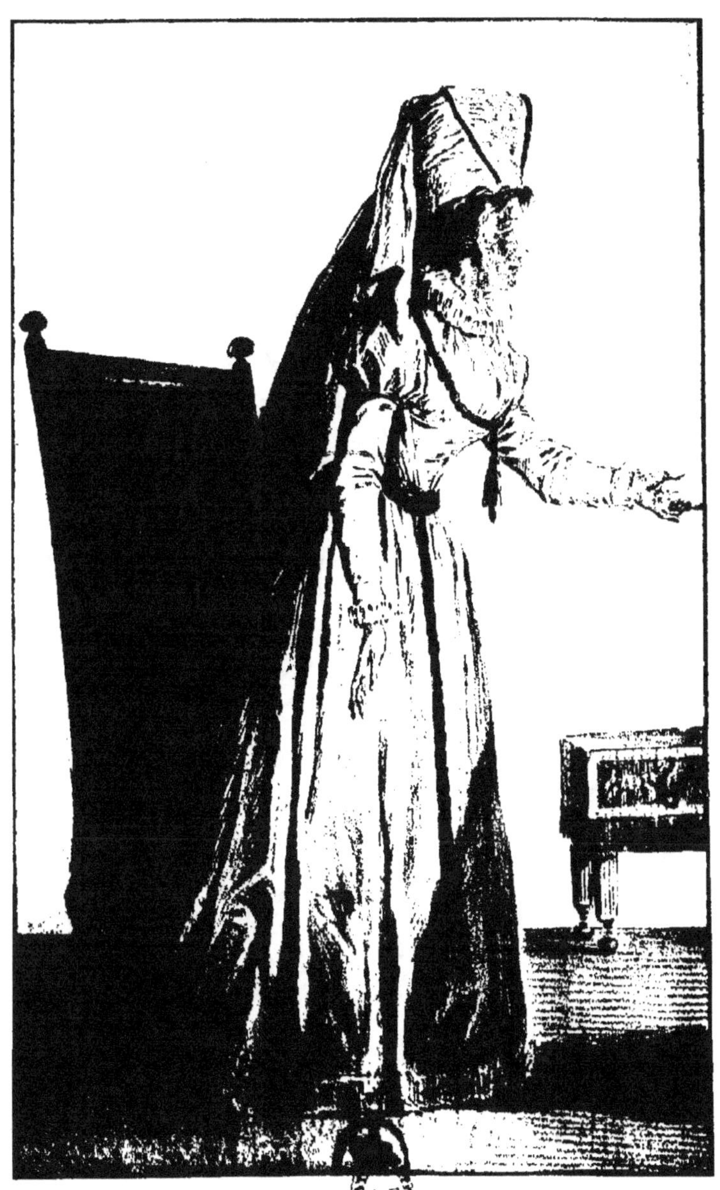

Fig. 7. — Mademoiselle Contat de la Comédie Française.
Rôle de Madame de Randan.
*(Le Vacher de Charnois. Costumes et annales
des grands théâtres de Paris).*

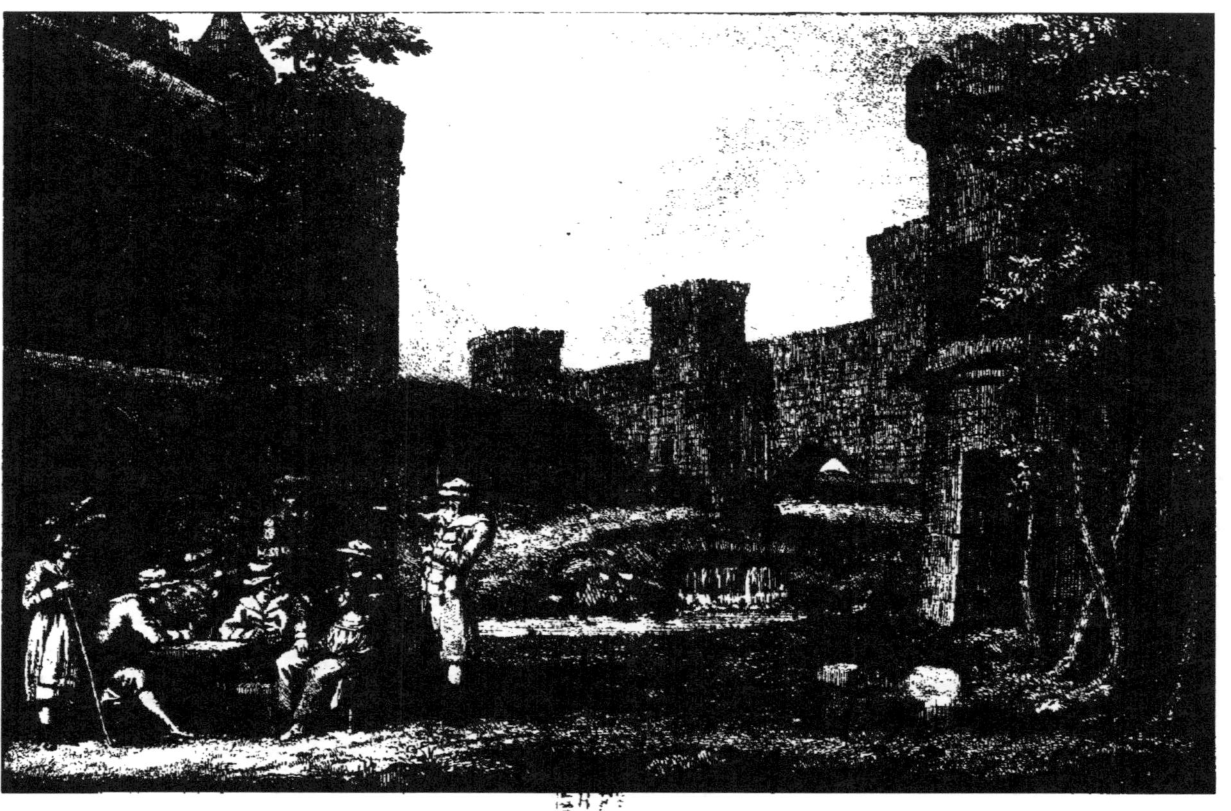

FIG. 8. — DÉCOR DU 1er ACTE DE RICHARD CŒUR-DE-LION.
Le ménestrel Blondel est assis au premier plan en robe longue.
(*Gravure de Bornet, 1786.* Cab. des Estampes : *T. b. 6 + in f°*).

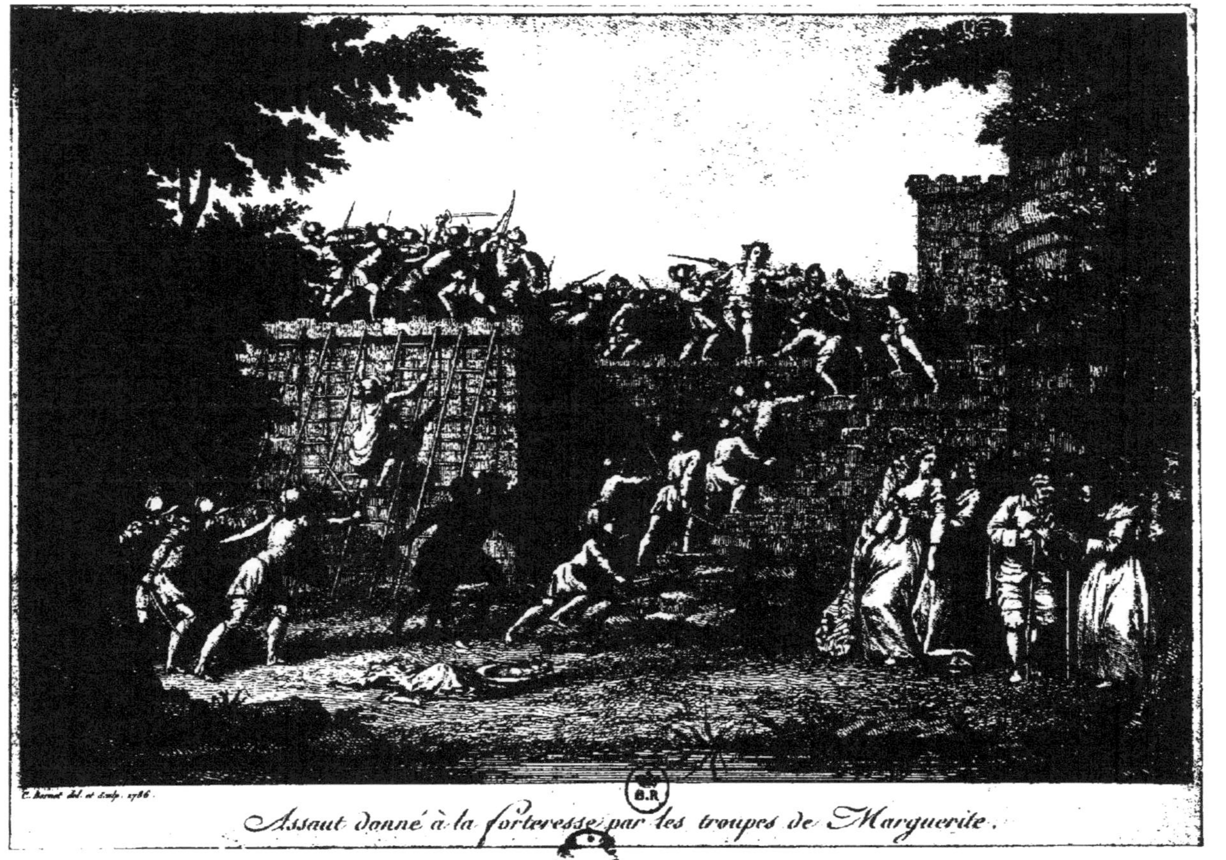

FIG. 9. DÉCOR DU 3ᵉ ACTE DE RICHARD CŒUR-DE-LION.
(*Gravure de Bornet, 1786. Cab. Estampes ; T. h. 6 + in f°*).

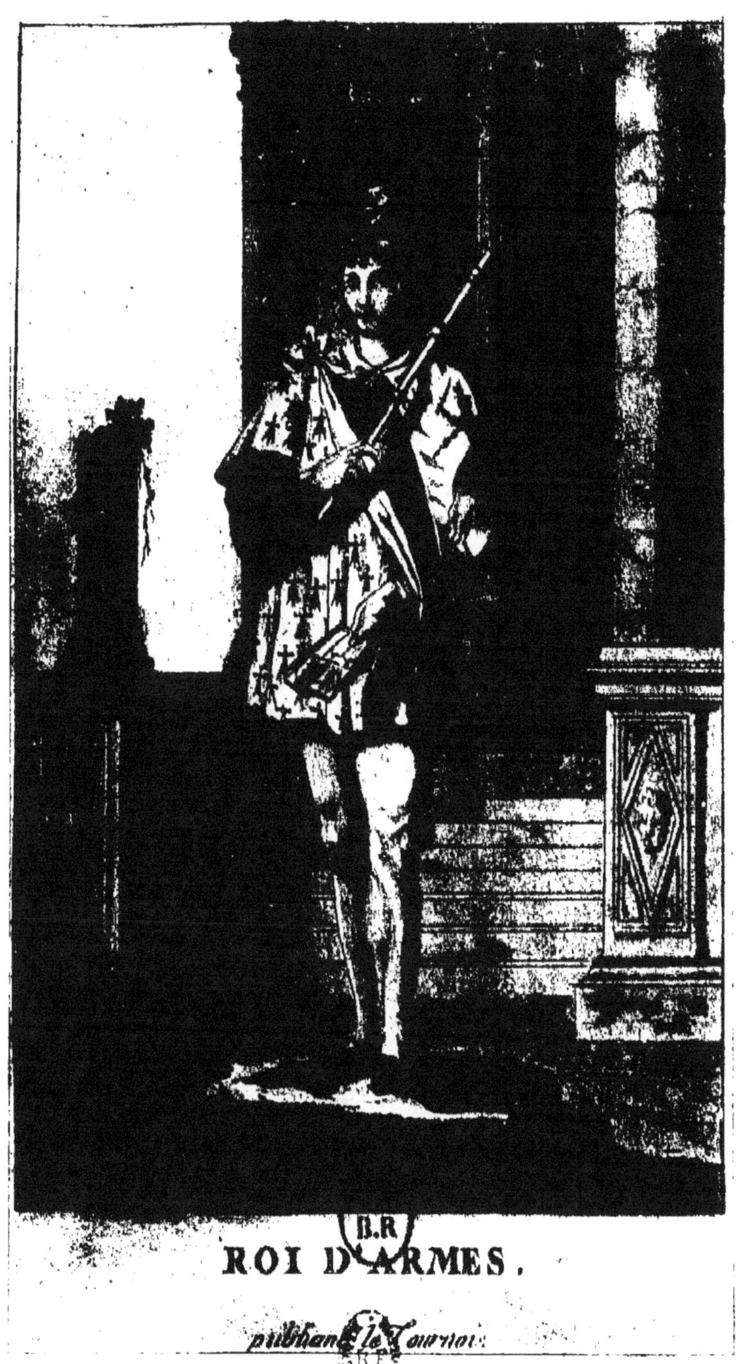

Fig. 10. — Modèle de costume du XVᵉ siècle
a l'usage des acteurs.
(Le Vacher de Charnois. Costumes et annales
des grands théâtres de Paris).

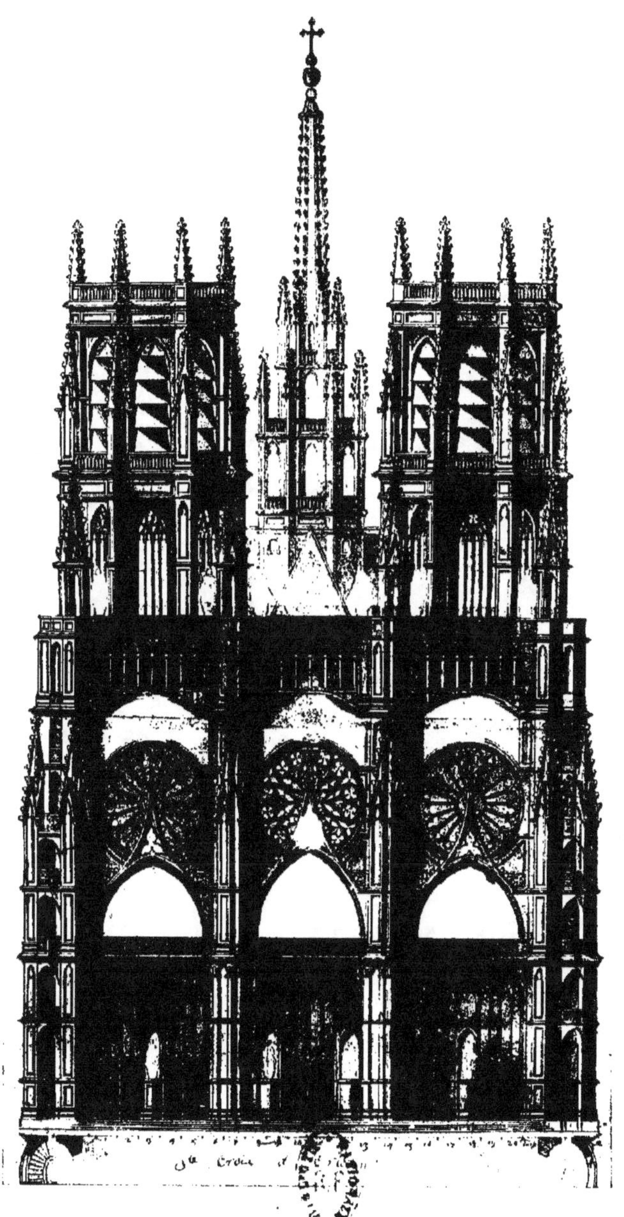

Fig. 11. — Elévation de la façade
de Sainte-Croix d'Orléans.
M. l'abbé Chenesseau a reconnu dans ce dessin
le projet d'Hénault et de Robert de Cotte.
(Cab. des Estampes. Topographie de la France, Loiret).

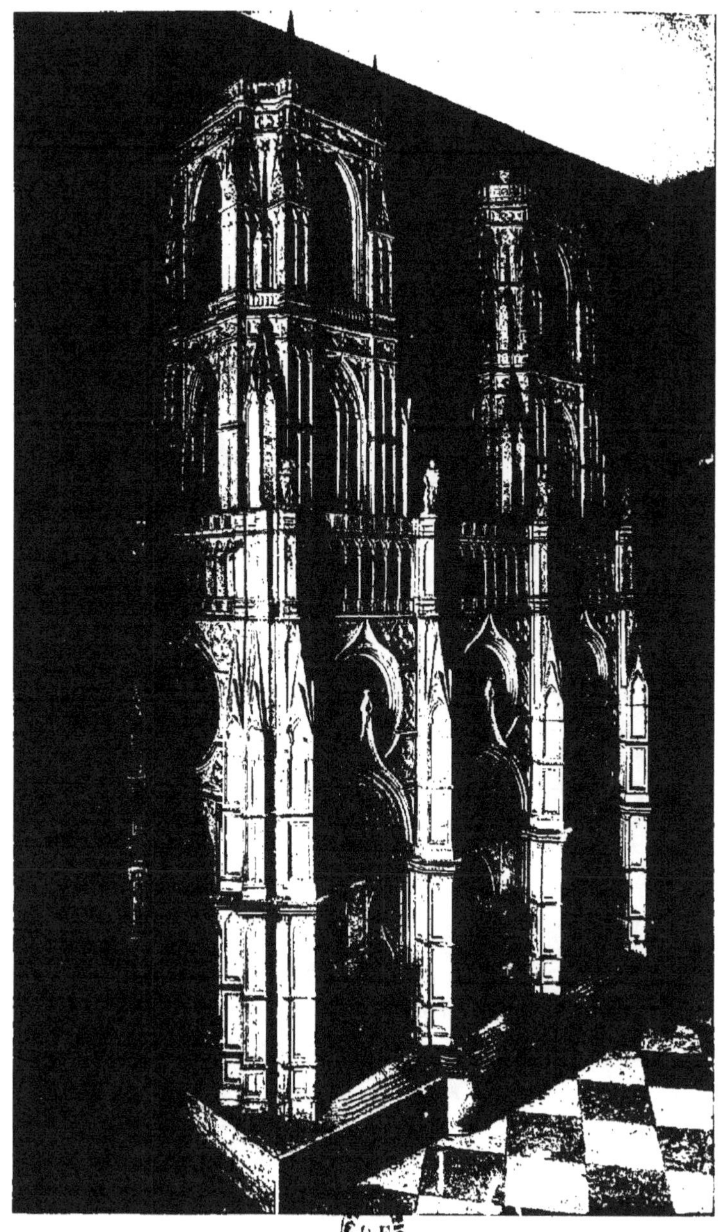

FIG. 12. — LE PORTAIL ET LES TOURS DE SAINTE-CROIX D'ORLÉANS.
Projet de Jacques Gabriel.
D'après un modèle en plâtre conservé à l'évêché.
(Cliché fourni par M. l'abbé Chenesseau).

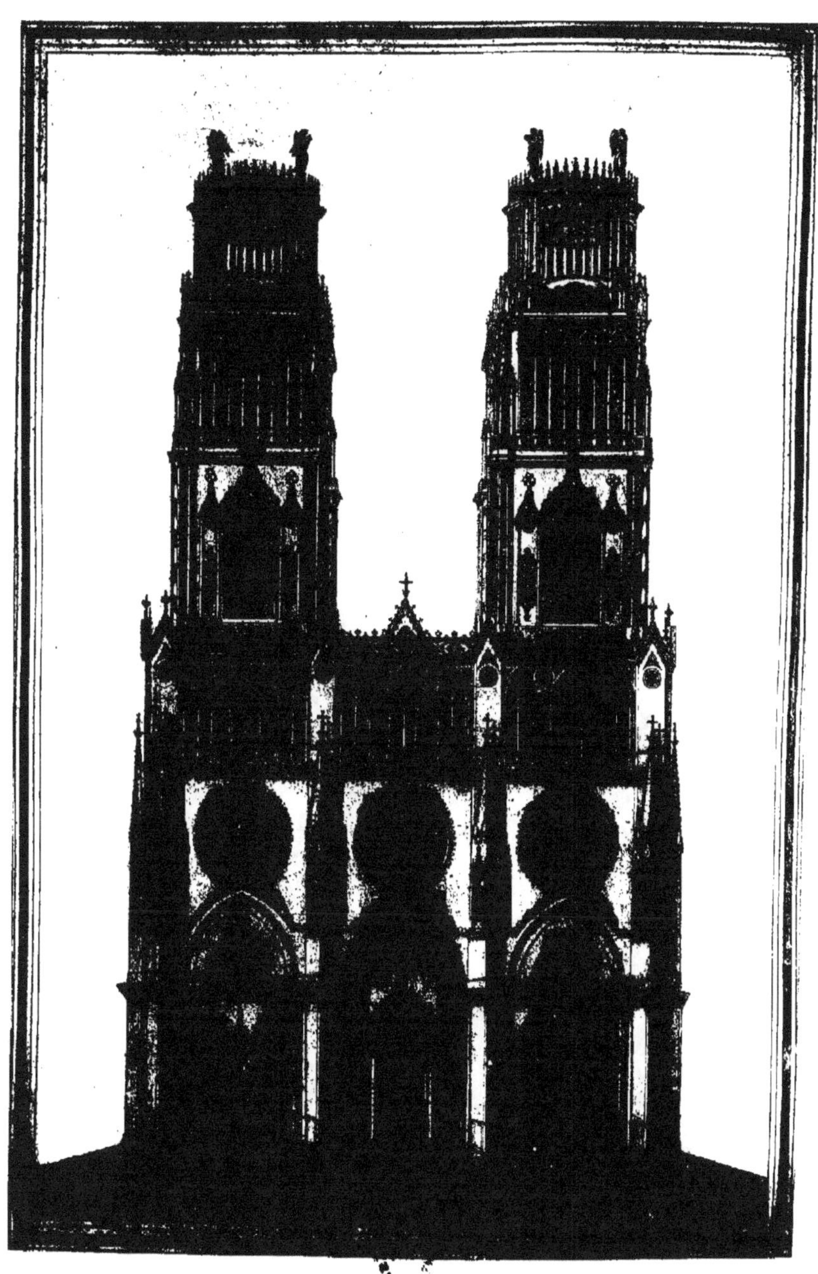

Fig. 13. — La façade de Sainte-Croix d'Orléans
après l'achèvement des travaux.
(Cab. des Estampes, Gravure de Diot. Topographie de la France, Loiret).

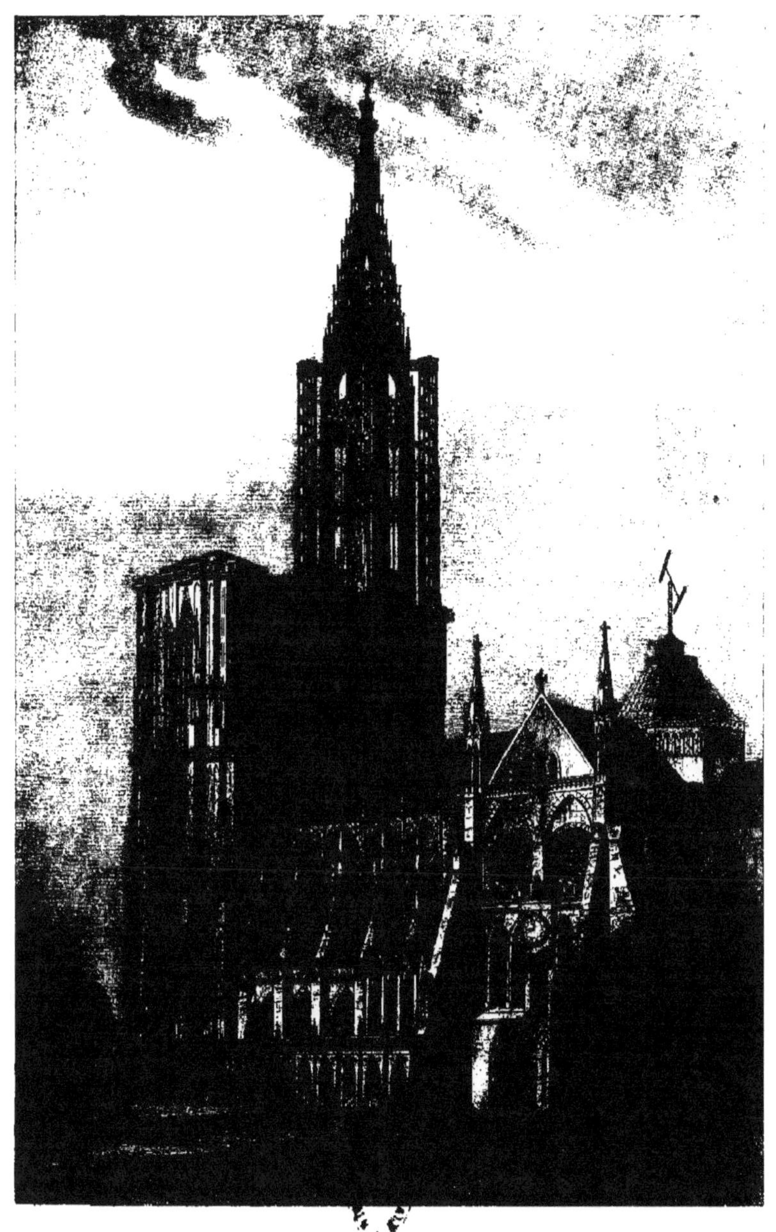

FIG. 14. — LA CATHÉDRALE DE STRASBOURG A LA FIN DU XVIII° SIÈCLE.
On voit nettement les boutiques gothiques construites
au pied de la Cathédrale ainsi que la mitre octogonale surmontée
d'un télégraphe Chappe.

(Cab. des Estampes. Topographie de la France, Bas-Rhin).

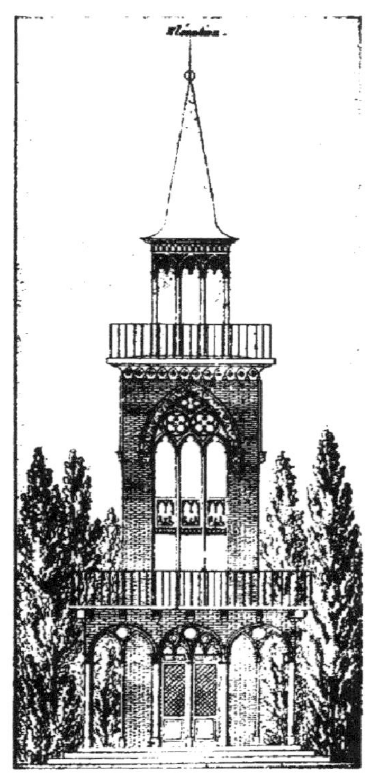

Fig. 15.

Fig. 16.

CHAPELLE ET OBSERVATOIRE GOTHIQUES ÉLEVÉS PAR BERNARD
A L'ABBAYE D'OURSCAMP EN 1780.
(Krafft. Maisons de Campagne).

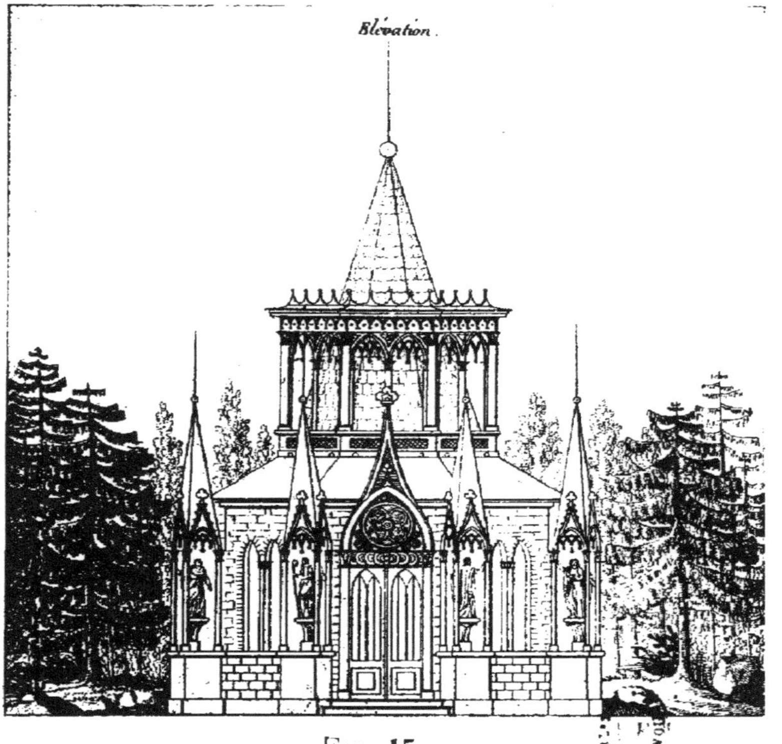

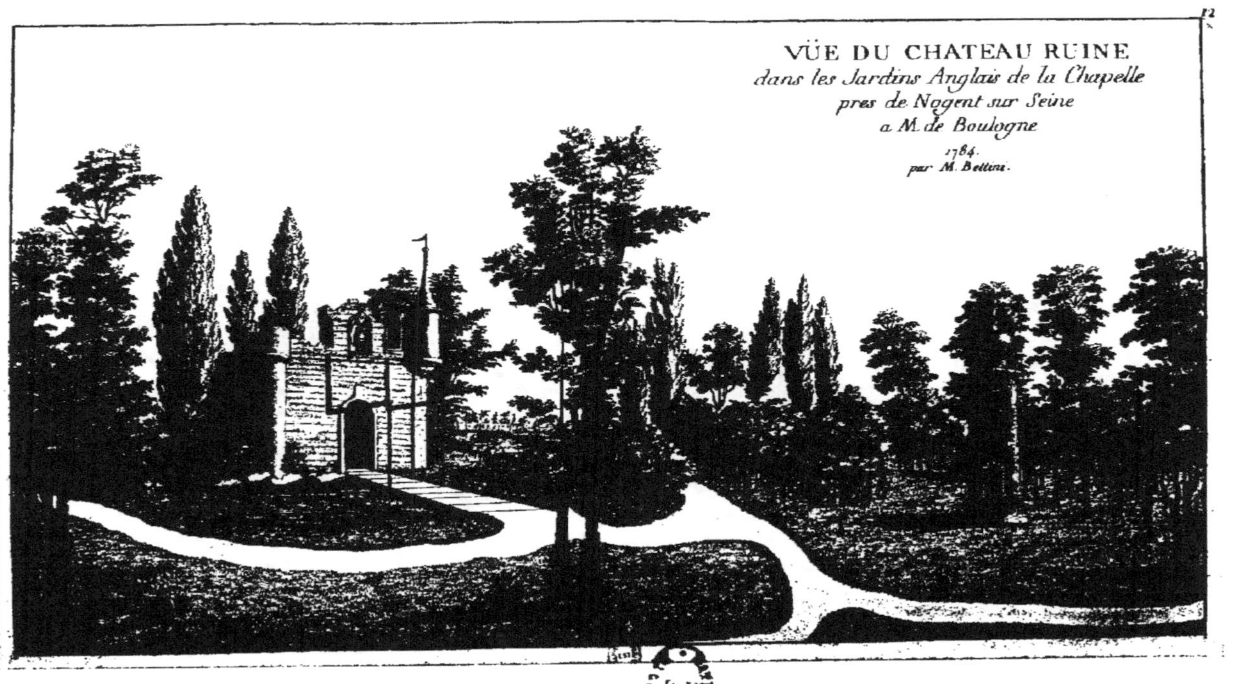

Fig. 17. — Ruines gothiques du Jardin de la Chapelle
dessiné par Bettini en 1784.
(Le Rouge, Jardins Anglo-Chinois).

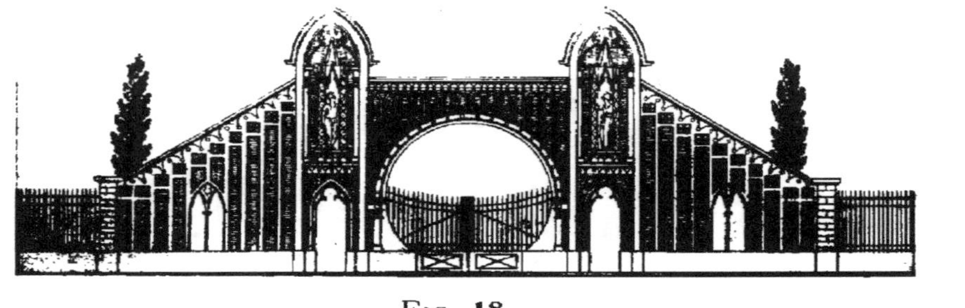

FIG. 18.

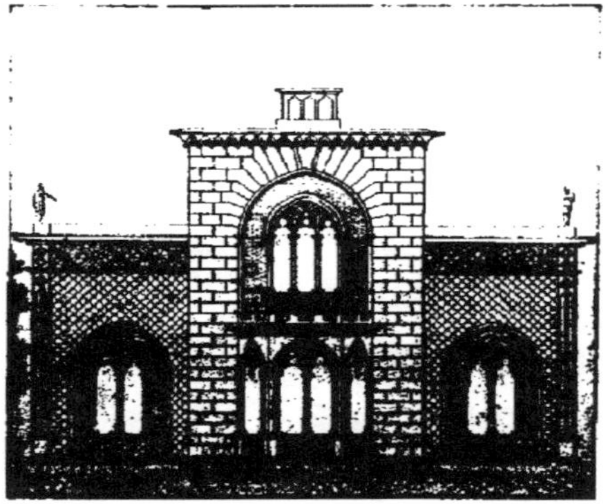

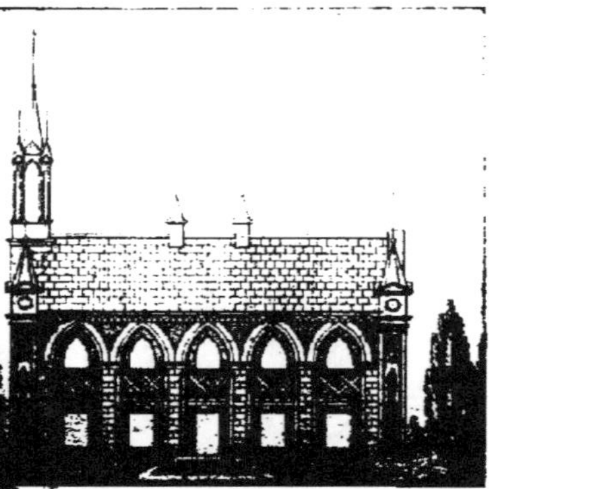

FIG. 19.

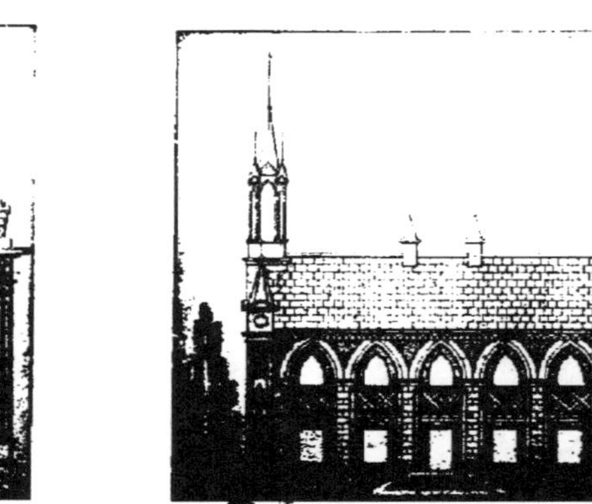

FIG. 20.

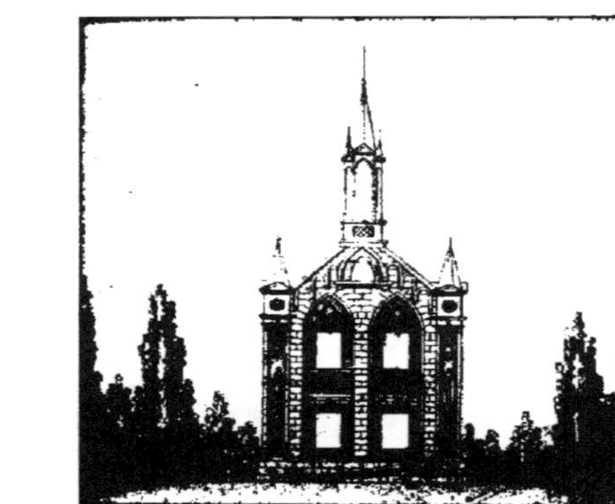

FIG. 21.

PORTE MONUMENTALE, SALLE DE RÉCRÉATION ET CHAPELLE ÉLEVÉES PAR KLÉBER.
Domaines du prince de Montbéliard.
(*Krafft. Plan des plus beaux jardins*).

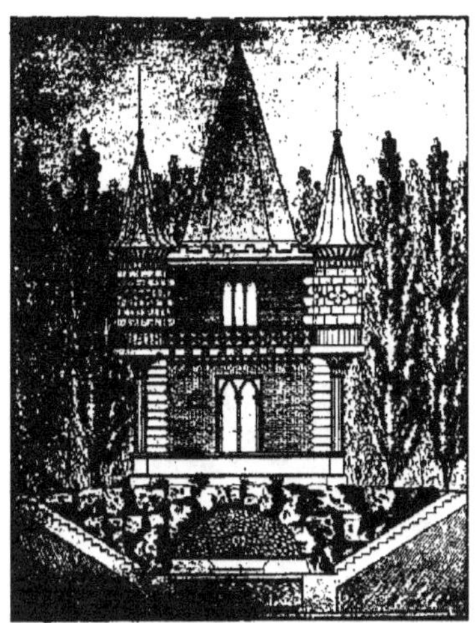

Fig 22.

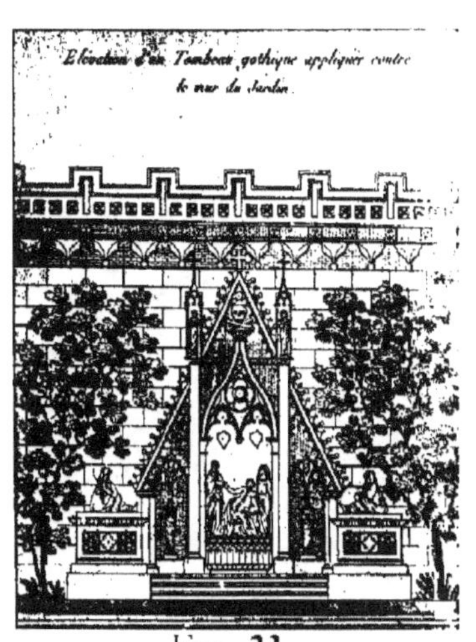

Fig. 23.

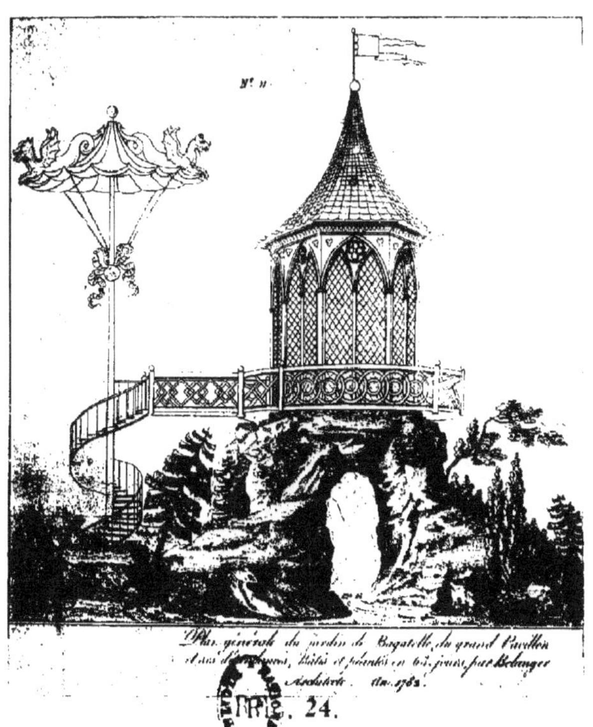

Fig. 24.

Fig. 22 et 23. — Salle de bains et tombeau gothiques
au parc d'Armainvilliers.
Fig. 24. — Pavillon du philosophe a Bagatelle.
(Krafft, Maisons de Campagne).

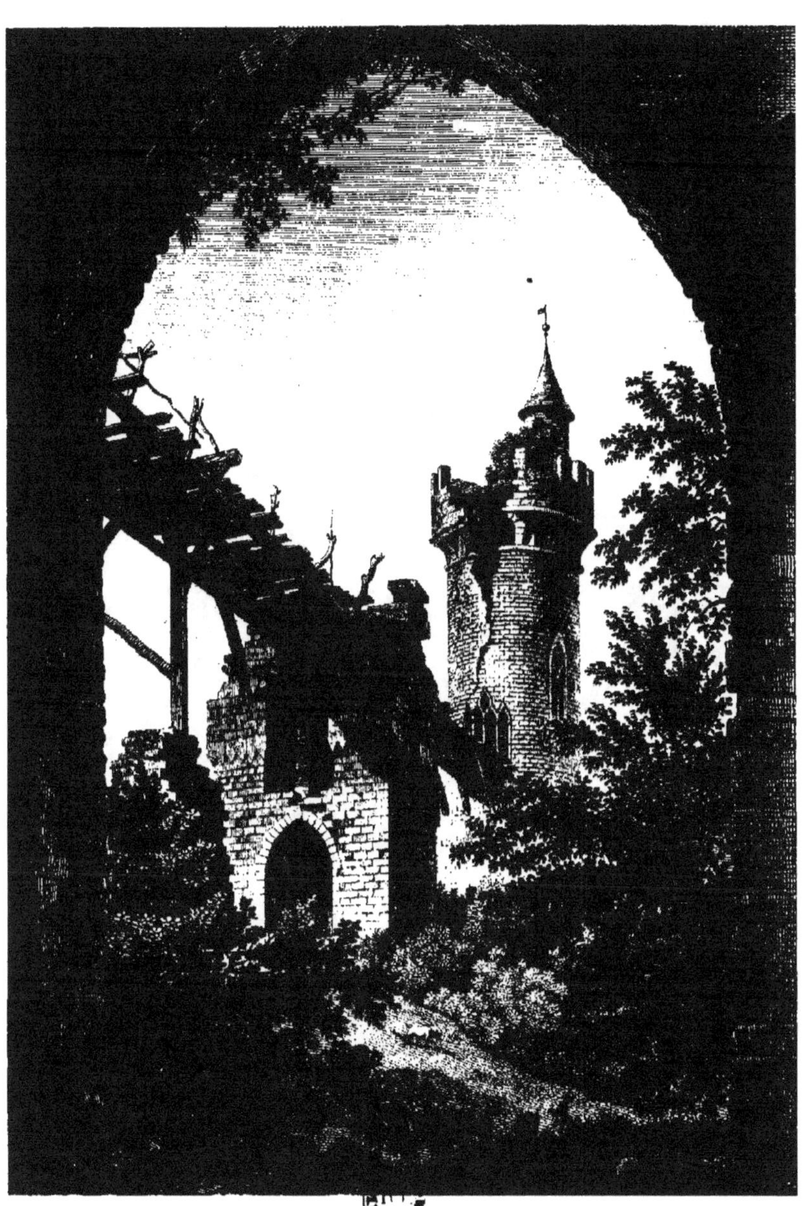

Fig. **25**. — Vue du donjon du parc de Betz.
(Alex. de Laborde, Description des nouveaux jardins de France).

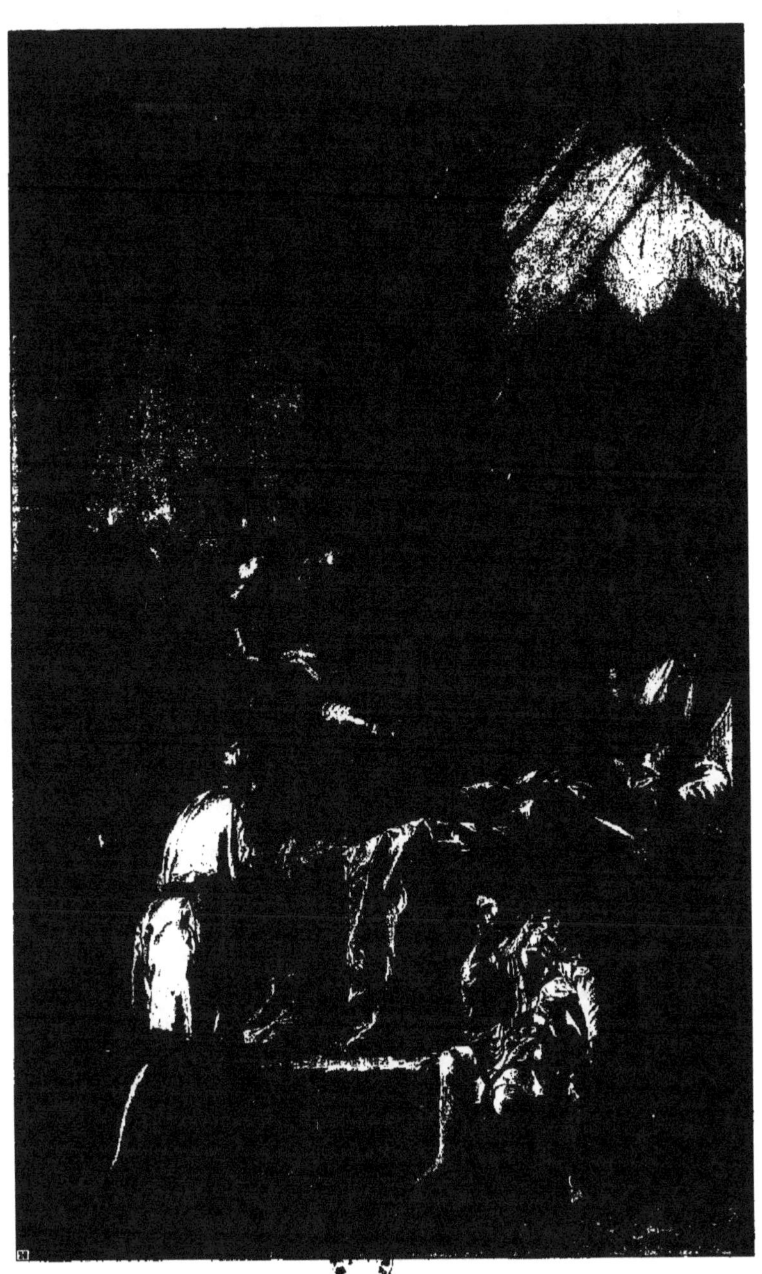

FIG. 26. — BRENET. LA MORT DE DU GUESCLIN.
(Musée de Versailles).

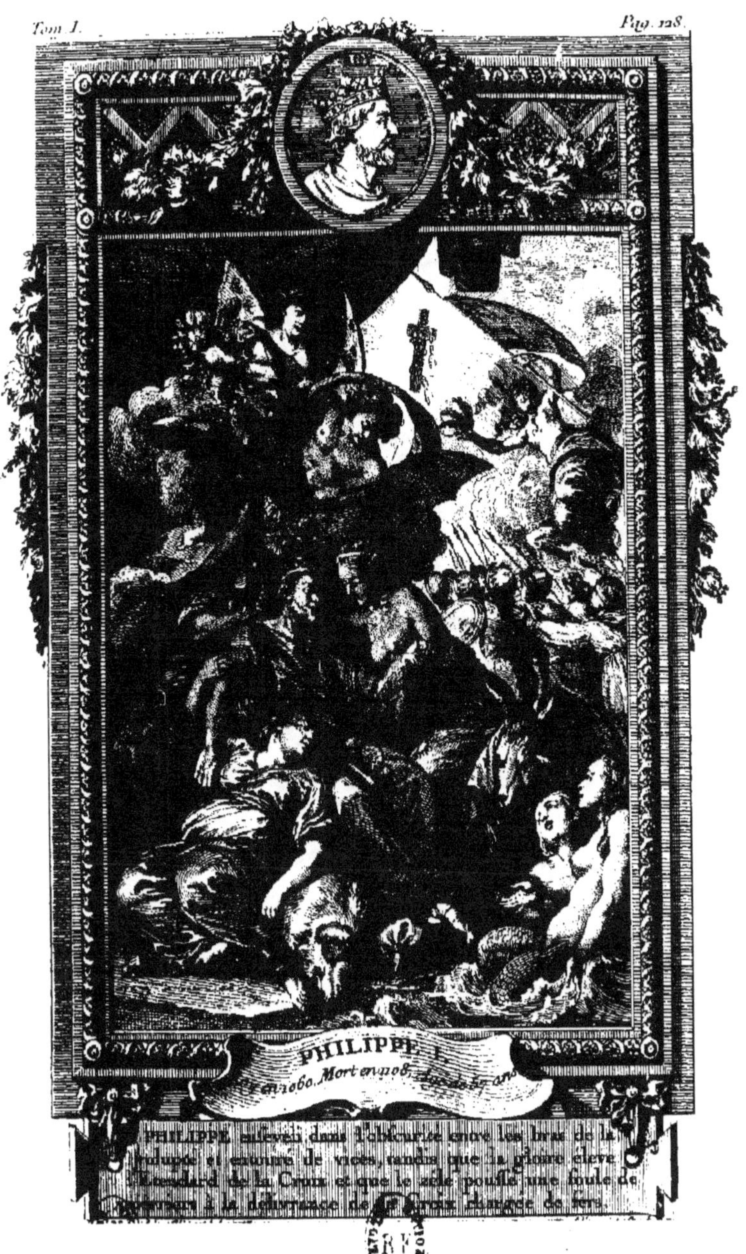

FIG. 27. — GRAVURE DE COCHIN, (1765),
pour l'*Abrégé* du président Hénault.

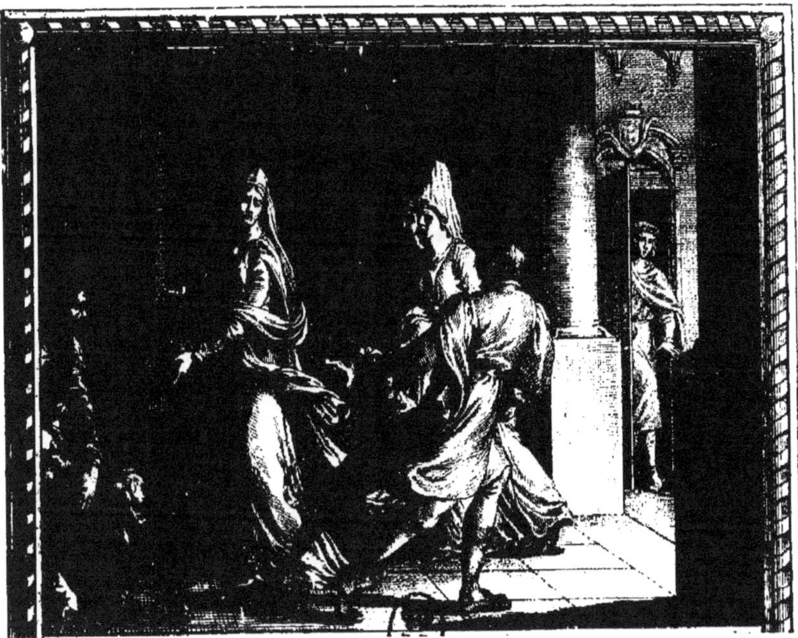

FIG. 28. - DOCILITÉ DE SAINT-LOUIS A L'ÉGARD DE SA MÈRE. - Comme St-Louis ne pouvait voir sa femme qu'en cachette de sa mère, il ordonnait à ses valets de faire hurler des chiens aussitôt que celle-ci apparaissait, de manière à s'esquiver sans être aperçu.

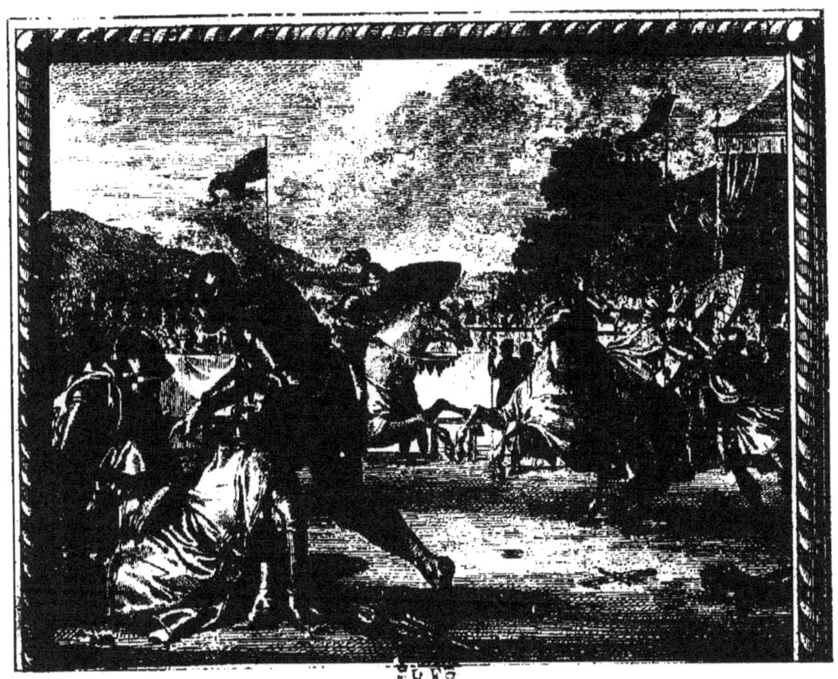

FIG. 29. — TOURNOI.

(Gravures de Moreau le Jeune).

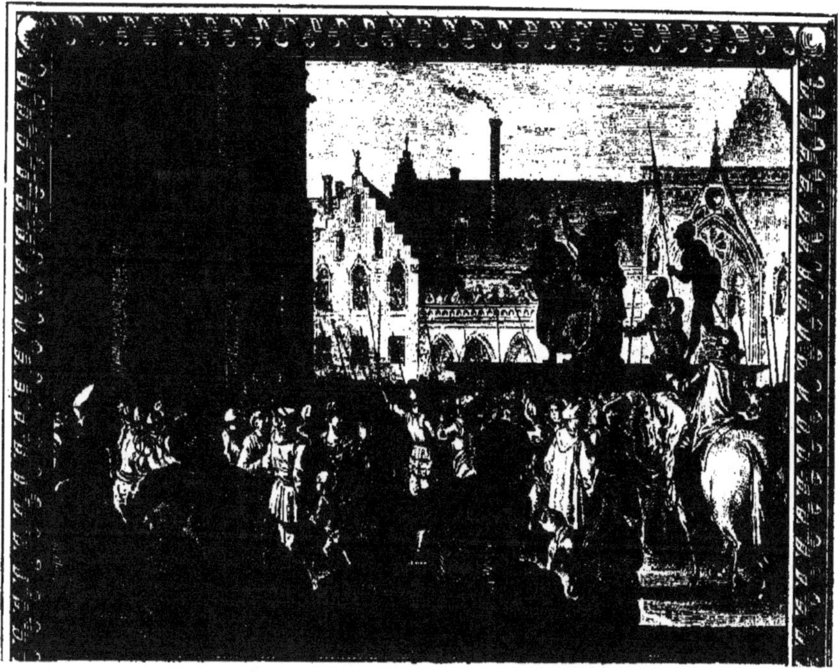

FIG. 30. — ABOLITION DE L'ORDRE DES TEMPLIERS.
(Gravure de Moreau le Jeune).

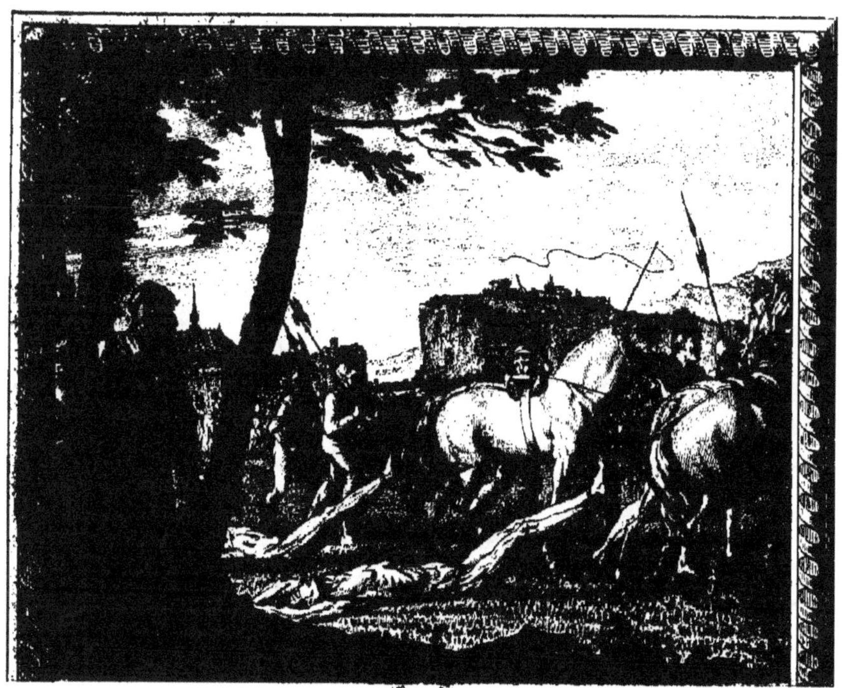

FIG. 31. — SUPPLICE DES FRÈRES DE LAUNAI.
(Gravure de Moreau le Jeune).

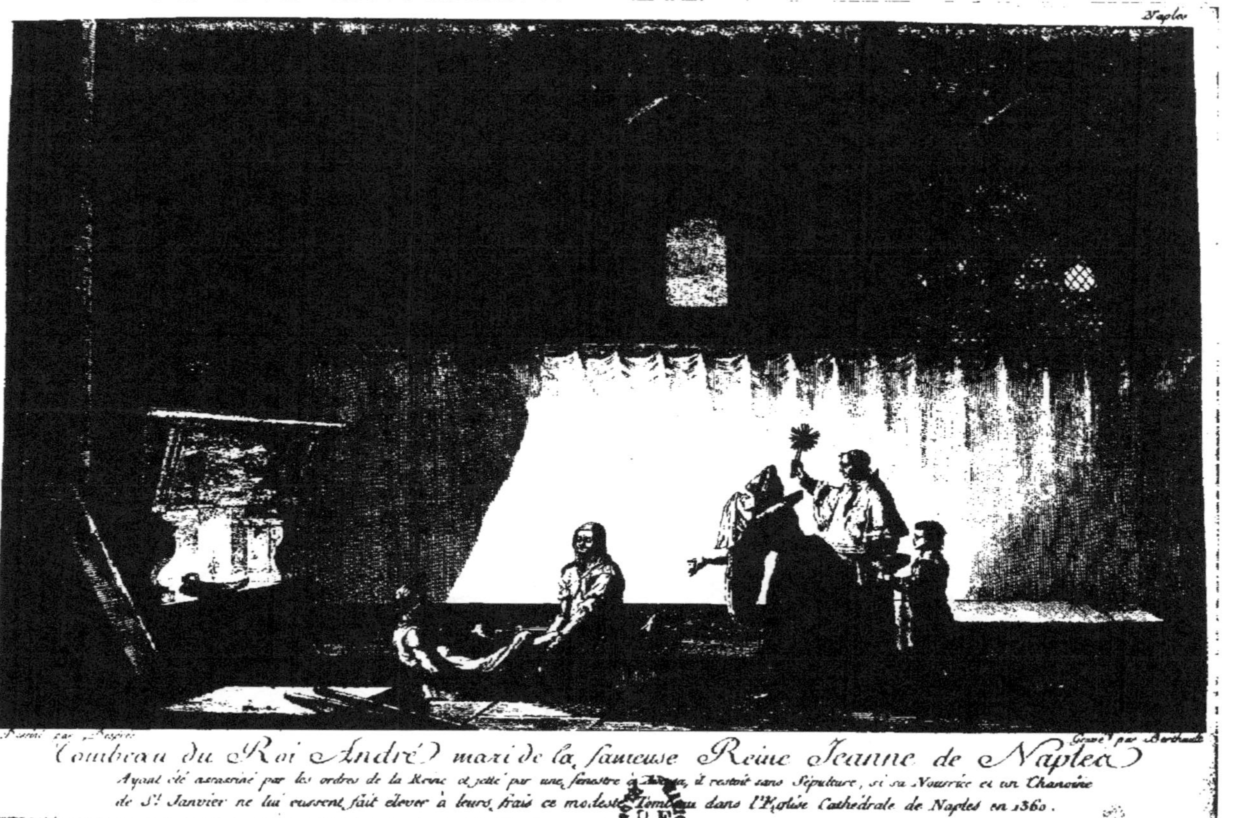

FIG. 32. — L'ENSEVELISSEMENT DU ROI ANDRÉ.
Gravure de Desprès.
(Tirée des Voyages Pittoresques de Naples et de Sicile).

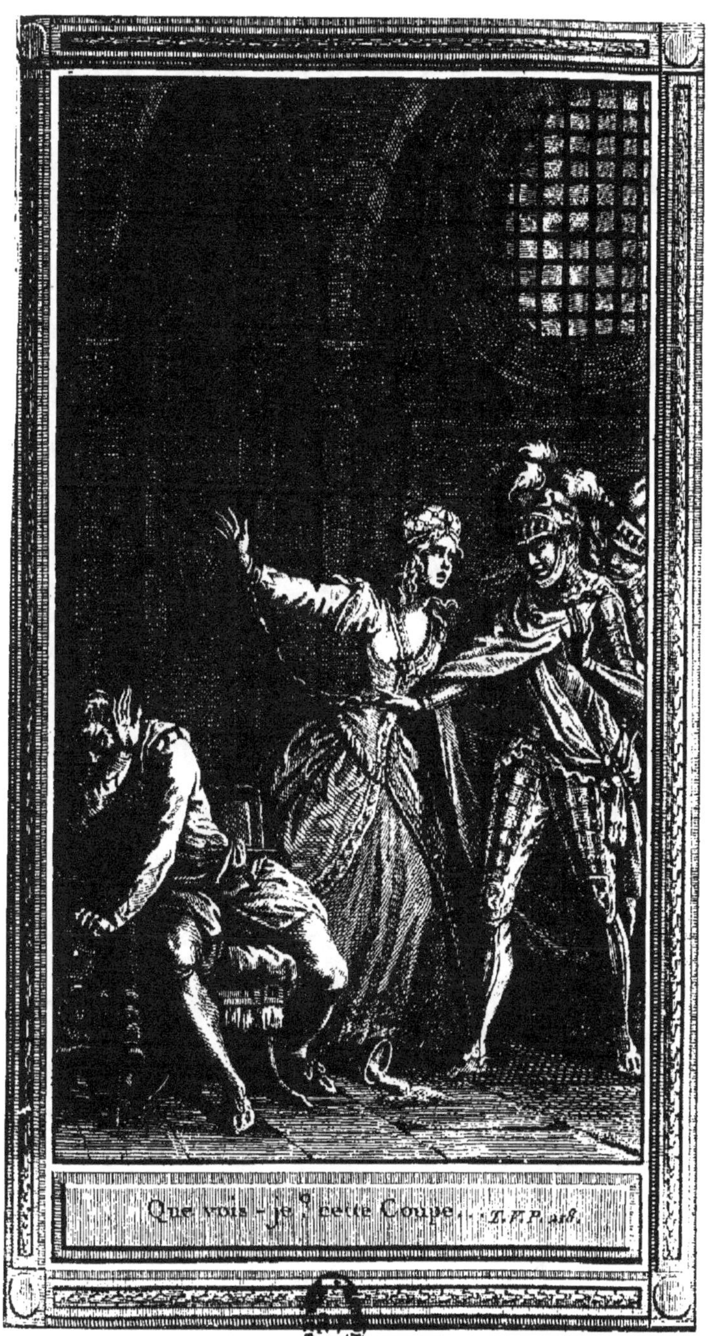

FIG. 33. — LE PRINCE NOIR DÉLIVRE BLANCHE DE BOURBON
que don Pèdre allait contraindre à s'empoisonner.
(Gravure de Borel, pour *Pierre le Cruel de de Belloy*).

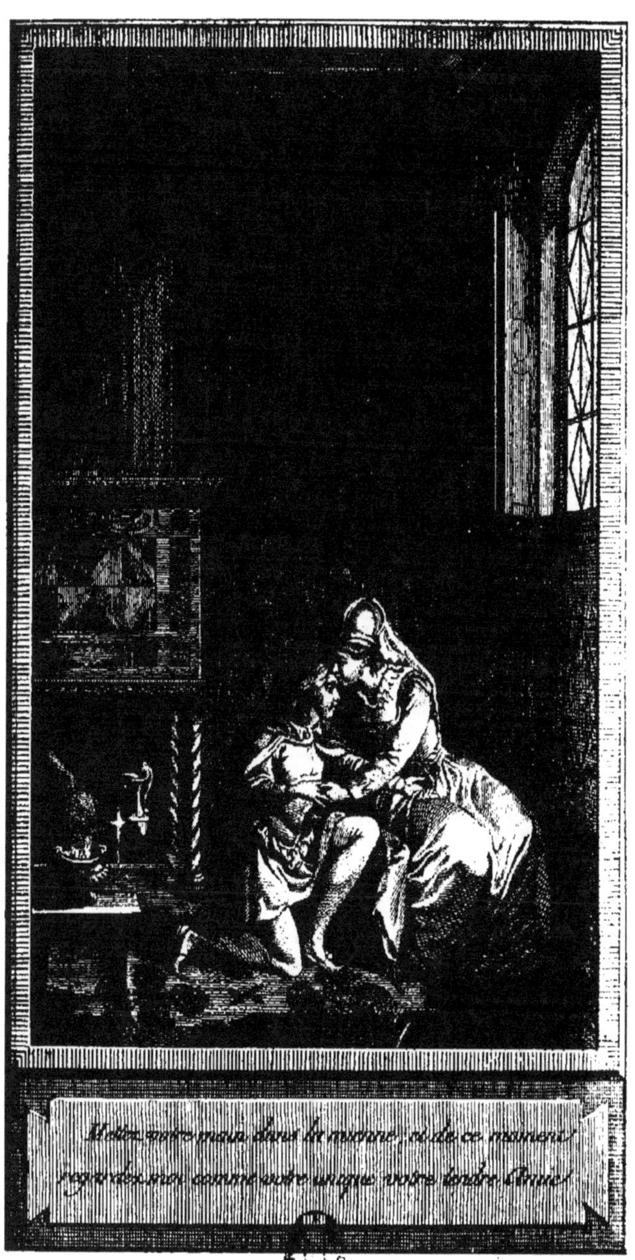

Fig. 34. — Le Petit Jehan de Saintré
et la Dame des Belles Cousines.
(Gravure de Marillier pour les *œuvres de Tressan*).

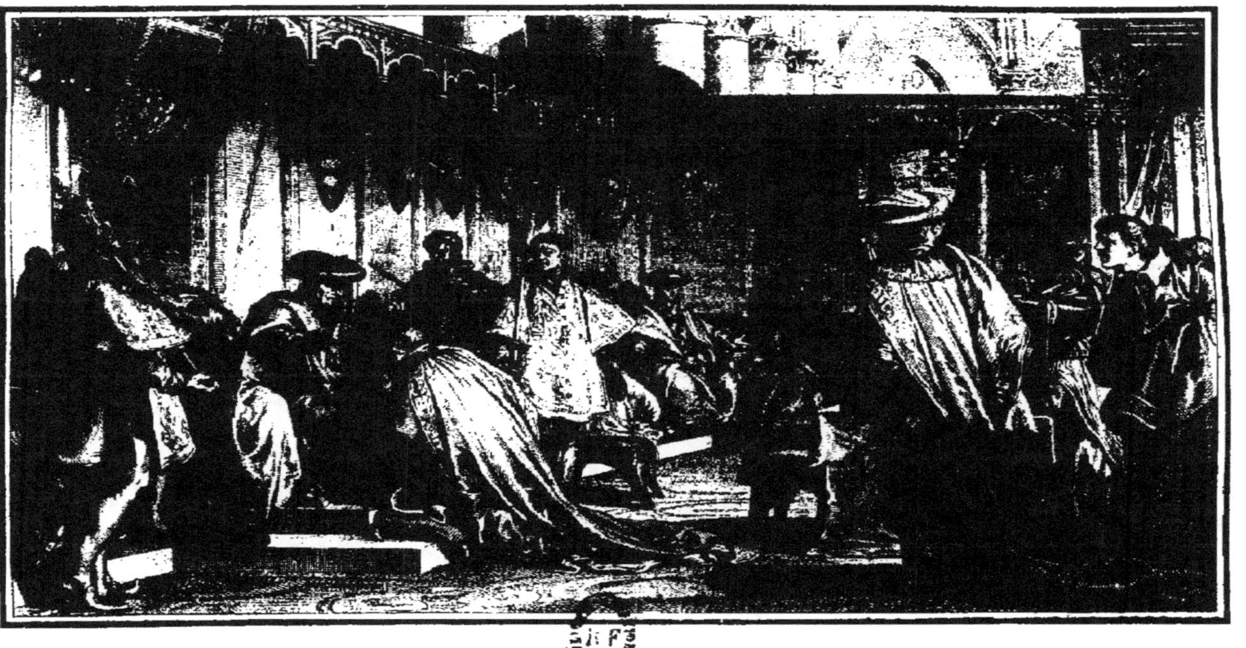

Fig. 35. — Institution de l'Ordre de la Toison d'Or par Philippe le Bon.
(Gravure de Moreau le Jeune, pour le *Voyage Pittoresque de la France*, 1781).

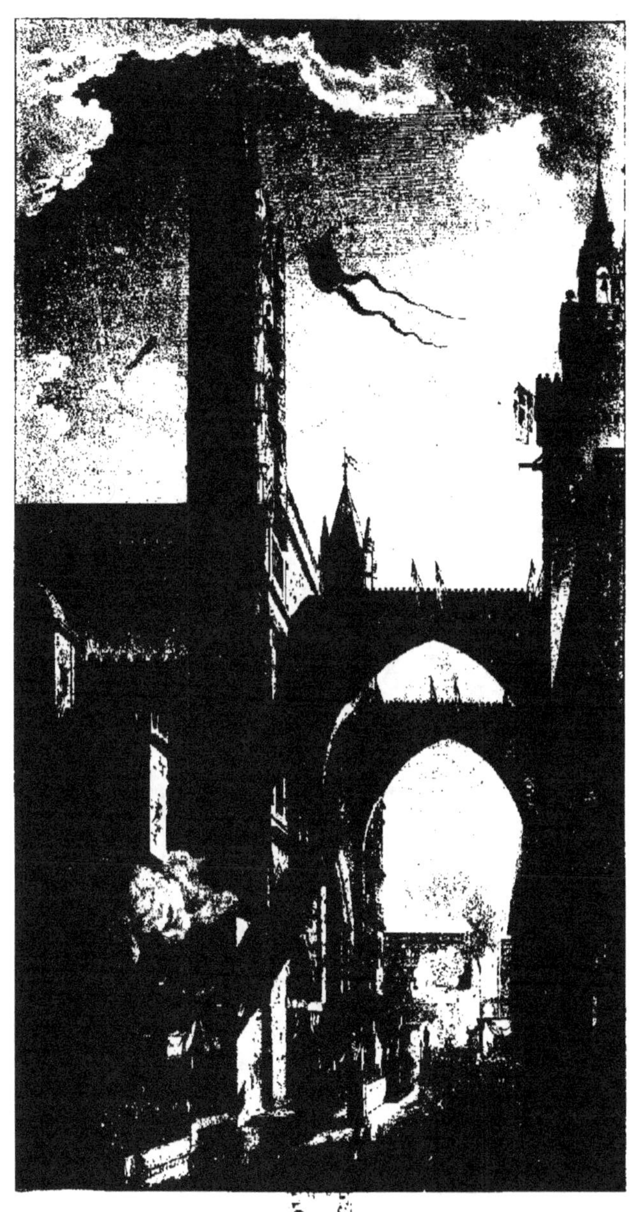

Fig. 36. — Vue du Portail de l'Église Cathédrale
de Palerme.
(Dessinée par Deprés, gravée par Quauvilliers).

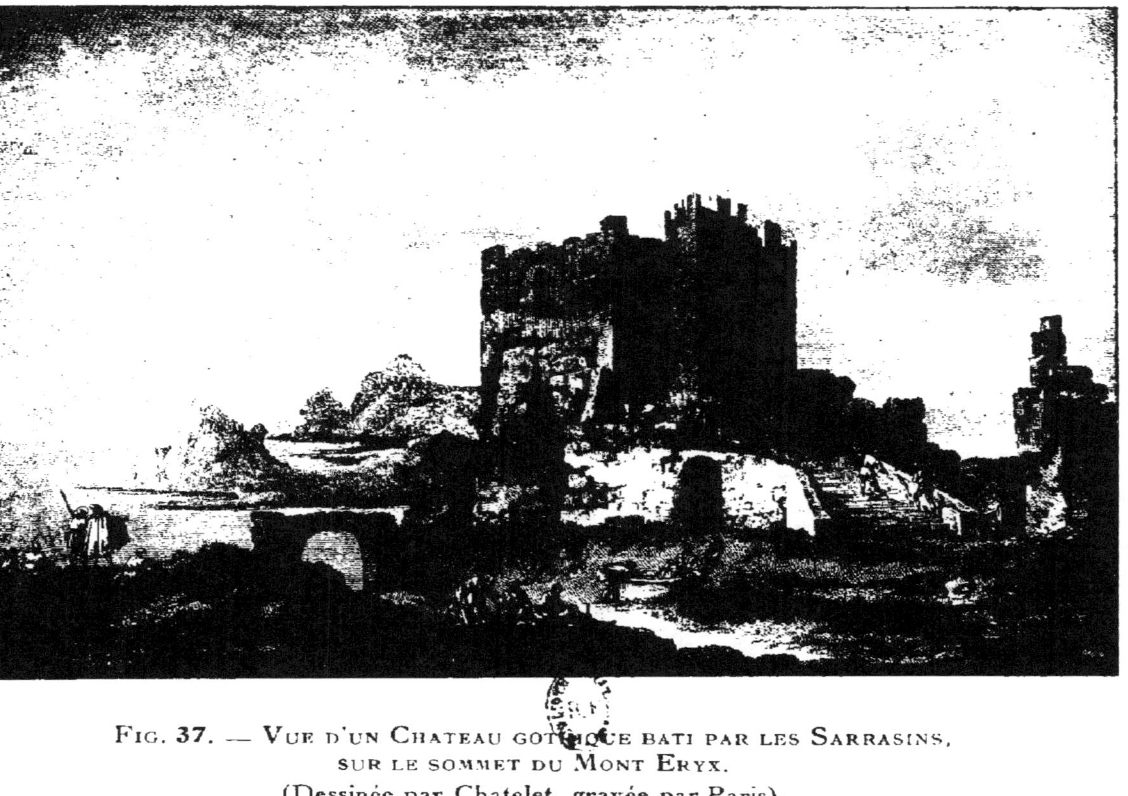

Fig. 37. — Vue d'un Chateau gothique bati par les Sarrasins,
sur le sommet du Mont Eryx.
(Dessinée par Chatelet, gravée par Paris).

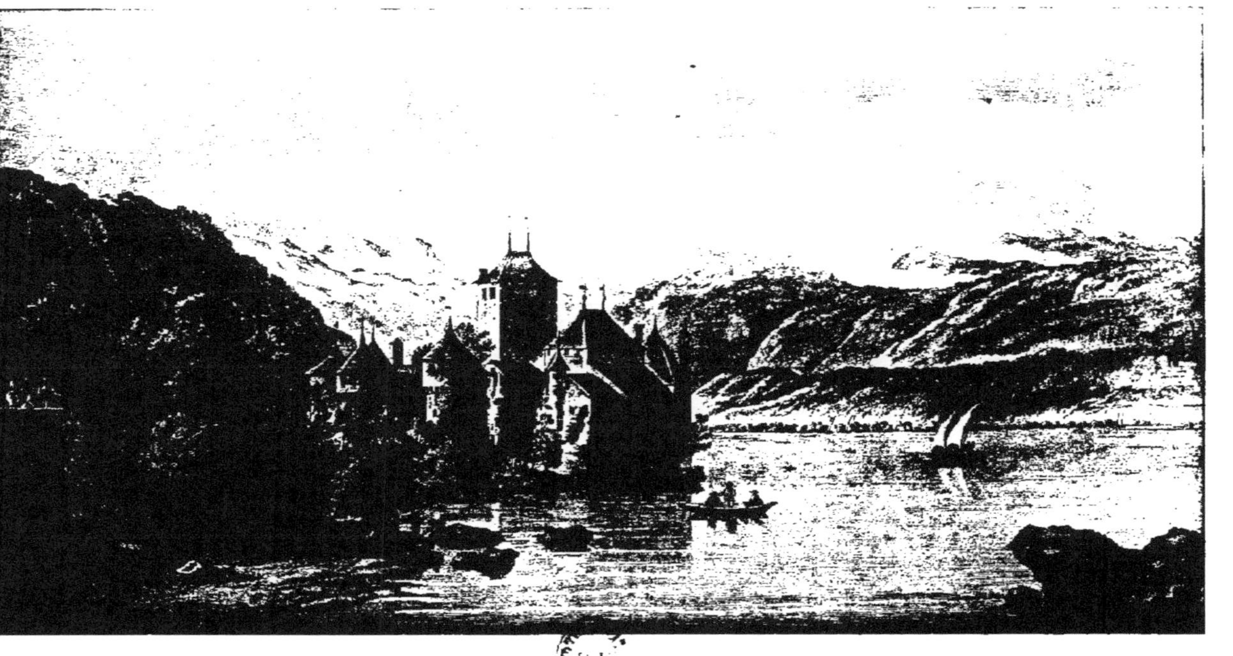

Fig. 38. — Vue du Château de Chillon.
(Dessinée par Pérignon, gravée par Fessard aîné).

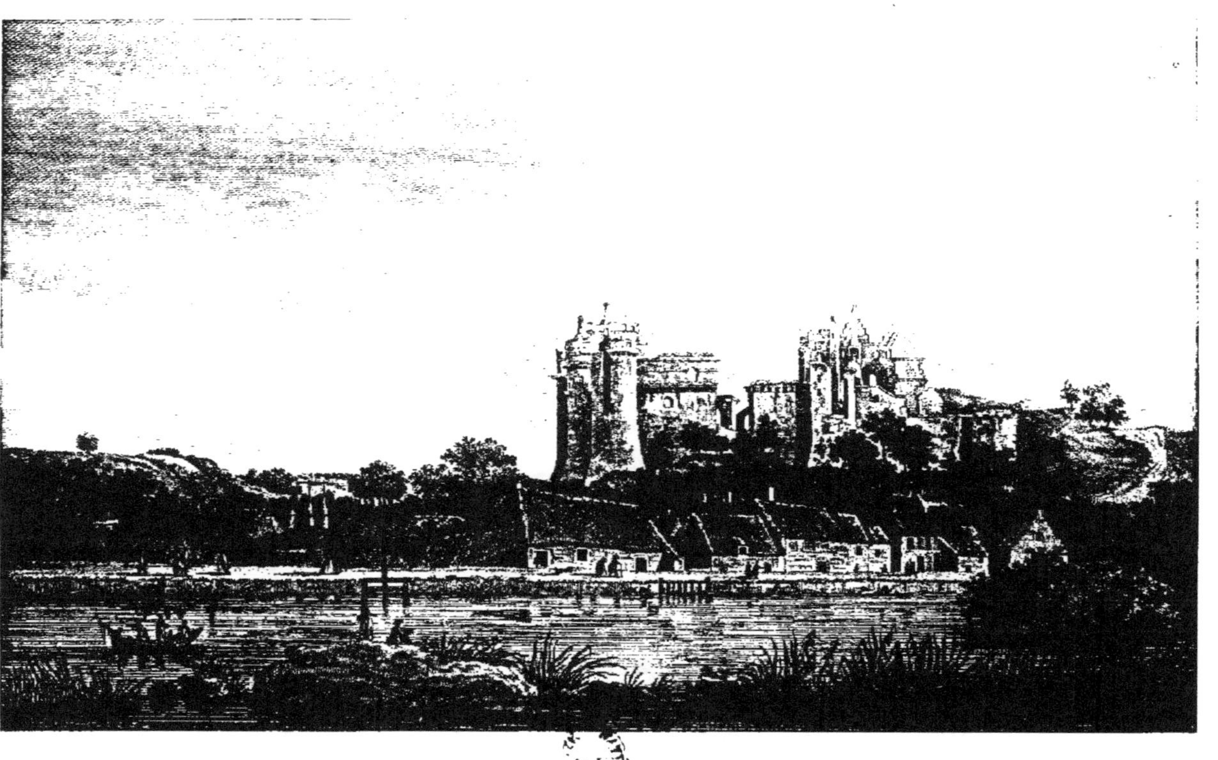

Fig. 39. — Vue des ruines du Château de Pierrefonds.
(Dessinée par Tavernier, gravée par Née).

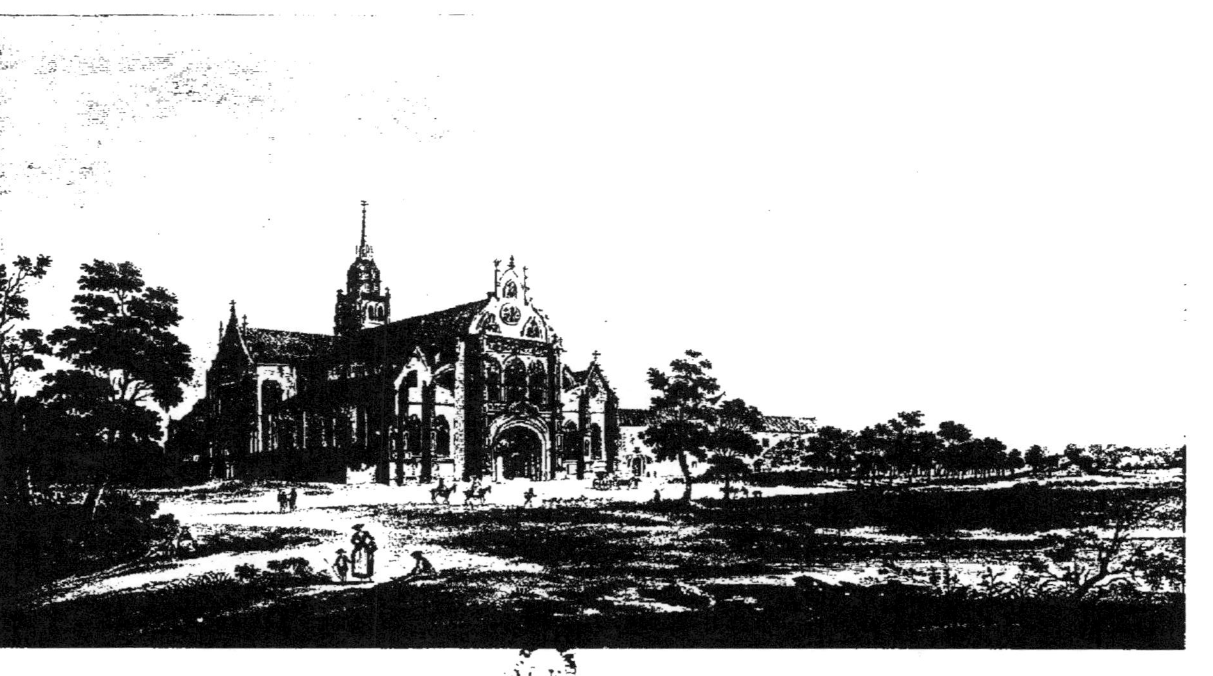

FIG. 40. — VUE DE NOTRE-DAME DE BROU ÉCLAIRÉE PAR LE COUCHANT.
(Dessinée d'après nature par Lallemand, gravée par Née et Masquelier).

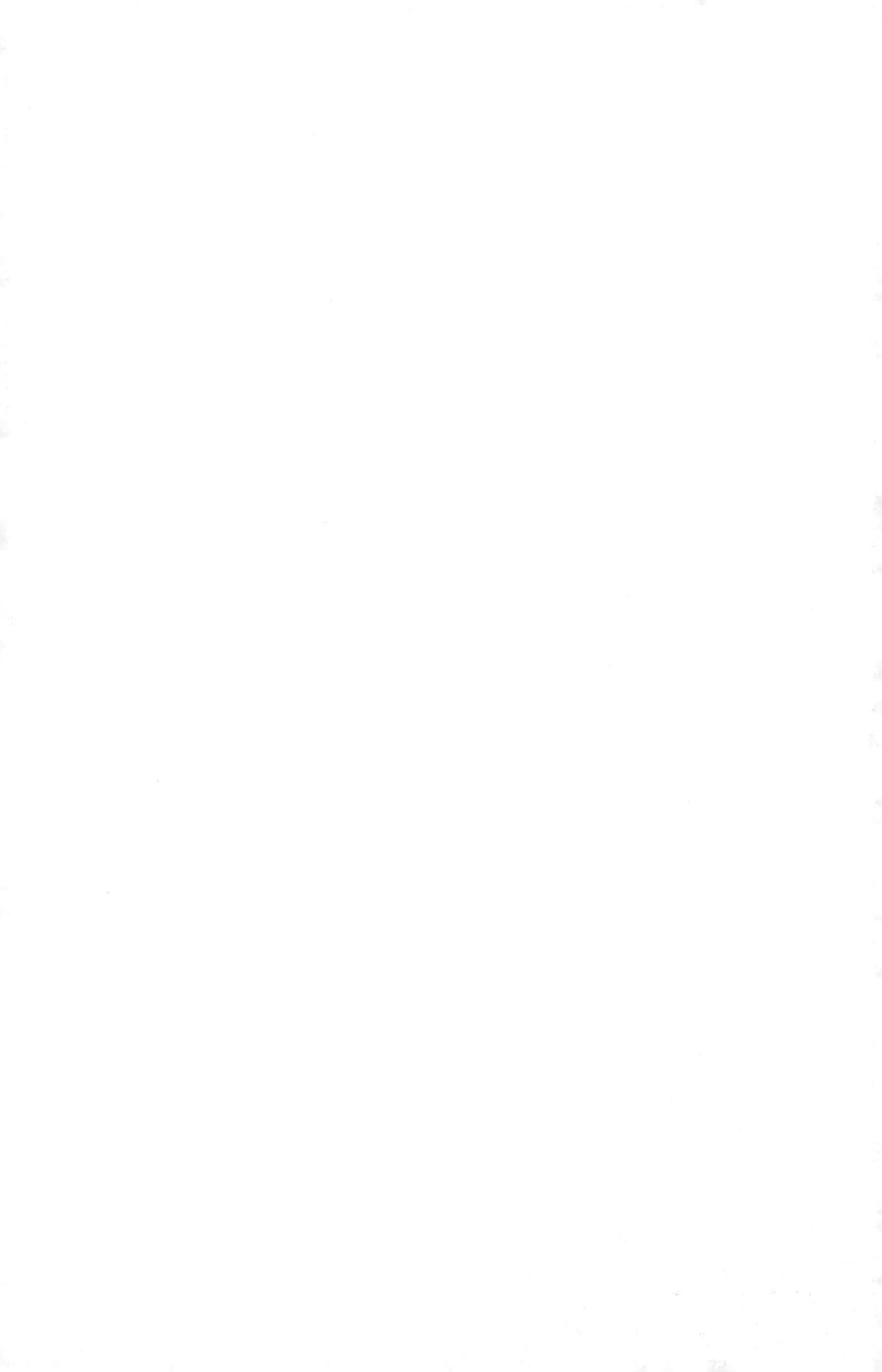